Rüdiger Hinsch • Simone Wittmann

Soziale Kompetenz
kann man lernen

BELTZ

Anschrift der Autoren:
Dr. Rüdiger Hinsch
Nibelungenstraße 18
14109 Berlin
E-mail: rhinsch@gsk-training.de
http://www.gsk-training.de

Dr. Simone Wittmann
Lange Straße 11/6
71563 Affalterbach
E-mail: s.wittmann@tu-bs.de

Jokers Sonderausgabe

1. Auflage 2003

© Beltz Verlag, Weinheim, Basel, Berlin 2003
Programm PVU Psychologie Verlags Union
http://www.beltz.de

Lektorat: Maren Klingelhöfer
Herstellung: Uta Euler
Umschlaggestaltung: Federico Luci, Köln
Umschlagbild: Veer/2492301
Satz, Druck und Bindung: Beltz Bad Langensalza GmbH, Bad Langensalza
Printed in Germany

ISBN 978-3-86800-507-3

Inhalt

Vorwort

Dieses Buch beruht auf einem Trainingsprogramm, welches Rüdiger Hinsch zusammen mit Ulrich Pfingsten zu Beginn der 80er Jahre entwickelt hat. Dieses Programm wurde anfangs vorrangig mit Gruppen selbstunsicherer Menschen durchgeführt und hat inzwischen eine so weite Verbreitung gefunden, dass es als ein psychologisches Standardverfahren betrachtet werden kann.

In der inzwischen vierten Auflage des Trainerhandbuches, erschienen im Beltz-Verlag (Gruppentraining sozialer Kompetenzen – GSK), wird deutlich, wie breit gefächert die Einsatzmöglichkeiten des Trainings sind: Das Spektrum reicht von der Förderung sozialer Kompetenzen von Jugendlichen über die Anwendung in speziellen Förderungsprogrammen für Frauen bis hin zu Aus- und Weiterbildungsprogrammen für Lehrer sowie Erziehungshilfen für Eltern. Schon lange ist das Gruppentraining sozialer Kompetenzen also nicht mehr nur ein klinisch orientiertes Therapieprogramm, sondern es bietet sich all denen an, die ihre Fähigkeiten zur Bewältigung sozialer Situationen weiterentwickeln wollen. Aktuelle Informationen zum GSK finden Sie auch im Internet (http://www.gsk-training.de).

Wir selbst haben dieses Training nun viele Male durchgeführt und dabei durchgängig die Erfahrung gemacht, dass bei fast allen Teilnehmern am Ende des Trainings eine deutliche Steigerung der sozialen Kompetenz und Selbstsicherheit sowie der Zufriedenheit mit sich selbst zu verzeichnen ist. Wie wir in Wirksamkeitsstudien feststellen konnten, waren diese positiven Effekte auch noch zwei Jahre nach Beendigung des Trainings in gleichem Ausmaß vorhanden. Wenn man in Rechnung stellt, dass das Training sich nur über knapp 20 Stunden erstreckt, ist das ein sehr erfreuliches Ergebnis.

Mit dem zunehmenden Zuspruch, den das Programm in den letzten Jahren erfuhr, stieg zugleich die Nachfrage nach einem Begleitbuch für die Teilnehmer. Zudem hegten wir schon lange die Idee, den Nutzen des Programms auch denen zukommen zu lassen, die nicht an einem „richtigen" Gruppentraining teilnehmen wollen oder können. Uns war bewusst, dass jedes psychologische Training – so auch das, welches diesem Buch zugrunde liegt – von der unmittelbaren Interaktion in der Gruppe, vom Austausch zwischen den Teilnehmern und Trainern, von Rollenspielen und Video-Feedbacks lebt. Was in einem solchen Rahmen im Dialog abläuft, kann und muss bei einem Buch, das therapie- bzw. trainingsbegleitend, aber auch unabhängig vom Gruppentraining zur Steigerung der sozialen Kompetenz anregen soll, zwangsläufig anders umgesetzt werden. Im Gegensatz zu Trainings liegt es hier allein in den Händen des Lesers, sich selbst Mut zu machen, sich anzuspornen, sich zu korrigieren und Fortschritte zu registrieren. Wir haben darum versucht, Ihnen hierfür immer wieder Anstöße zu geben, auf mögliche Fragen einzugehen und Sie vor allem zu animieren, die vorgeschlagenen Übungen durchzuführen.

Eine erste Auflage dieses so konzipierten Begleitbuches (Hinsch, R. & Wittmann, S.: Auf andere zugehen – Kommunikationstraining. Urania Verlag) war rasch vergriffen. Dies und die ausgesprochen positiven Rückmeldungen und Rezensionen haben uns veranlasst, mit einer überarbeiteten und erweiterten Auflage beim Beltz Verlag einen neuen Anfang zu machen.

Wir danken Frau Dr. Berger und Frau Klingelhöfer für die vielen Anregungen und konstruktiven Vorschläge zur Manuskriptgestaltung und vor allem auch für ihre Geduld.

Wir hoffen und wünschen, dass Ihnen dieses Buch ein guter Begleiter beim Ausbau Ihrer sozialen Kompetenzen sein kann.

Berlin/Braunschweig, im März 2003   Rüdiger Hinsch
                                            Simone Wittmann

Einleitung

Wir alle leben in einem Geflecht sozialer Beziehungen. Von klein auf hat uns dieses Netz – bestehend aus den relevanten Bezugspersonen (Eltern, Geschwister, Freunde, Verwandte, Mitschüler, Lehrer, Kollegen etc.) – geprägt, hat unser Verhalten, unsere Einstellungen beeinflusst und hat schließlich zu dem geführt, was wir als unsere eigene unverwechselbare Persönlichkeit betrachten. Sicher sind wir nicht nur ein Produkt unserer sozialen Beziehungen. Unsere genetische Ausstattung und die materiellen Bedingungen haben ebenfalls ihren Einfluss, aber auch diese entfalten ihre Wirkung in aller Regel erst durch die Auseinandersetzung bzw. das Zusammenwirken mit der sozialen Umwelt.

Einerseits erleben wir uns also als einzigartig (eben als „Ich"), andererseits sind wir aber auch eingebettet in ein Netz sozialer Beziehungen, von dem wir relativ abhängig sind. Auch wenn wir mit einem starken Selbstbewusstsein ausgestattet sind, sind wir nicht unabhängig von diesem Netz, sondern befinden uns auch dann noch in einer starken Abhängigkeit. Niemand kann auf Dauer wirklich allein sein. Die Eremiten sind kein Gegenbeispiel, sondern eher ein Beleg für die Richtigkeit dieser These. Es gibt gute Gründe, die ihnen zuteil gewordenen Erleuchtungen als Halluzinationen zu betrachten, die durch die soziale Isolierung ausgelöst wurden.

Viele Menschen haben Schwierigkeiten im sozialen Bereich

Obwohl wir es also von klein auf gewohnt sind, in sozialen Beziehungen zu leben, sind doch gerade diese für viele Menschen eine Quelle von Problemen. Auch wenn man von den wirklich therapiebedürftigen Fällen absieht, in denen sich jemand z.B. überhaupt nicht mehr aus der Wohnung traut (auch wenn solche Fälle gar nicht so selten sind), haben doch die meisten Menschen bestimmte Schwierigkeiten im sozialen Bereich:

- ▶ Manche schaffen es nicht, ihre Interessen durchzusetzen, selbst wenn diese – objektiv betrachtet – völlig legitim sind.
- ▶ Manche sind für ihre Umwelt eine Belastung, weil sie sehr schnell in Wut geraten und dann anderen Menschen sehr aggressiv gegenübertreten.
- ▶ Manche sind nicht in der Lage, ihre Gefühle so zum Ausdruck zu bringen, dass ihr Partner sie versteht.
- ▶ Andere sind so „rücksichtsvoll", dass sie oft die Unwahrheit sagen, weil sie meinen, die Wahrheit könnte den Partner verletzen.
- ▶ Wieder andere sind nicht in der Lage, zu einer anderen Person, die sie gerne näher kennen lernen möchten, einen Kontakt herzustellen, geschweige denn eine Beziehung aufzubauen.

Wenn Sie zu allen diesen Problemen aus ehrlichem Herzen sagen können, dass Sie sie überhaupt nicht haben, dann sind Sie – zumindest in dieser Hinsicht – ein wahrhaft perfekter Mensch. Aber solche perfekten Menschen gibt es selten. Die meisten werden wohl in einem oder mehreren der oben angesprochenen Bereiche etwas Schwierigkeiten haben.

Wenn Sie jetzt das Buch noch nicht beiseite gelegt haben, gehen wir davon aus, dass auch Sie zu denen gehören, die in dem einen oder anderen Punkt gewisse Probleme haben. Wir wollen versuchen, im Folgenden hierfür Lösungen zu erarbeiten.

Was sind Ihre Ziele?

Bevor wir jedoch weitermachen, sollten wir uns erst einmal die Frage stellen, wohin wir wollen. Wie möchten Sie gern werden? – Möchten Sie mehr Selbstvertrauen, mehr Selbstbewusstsein oder eine bessere Selbstwahrnehmung? Möchten Sie eventuell vorhandene Hemmungen ablegen? Oder möchten Sie nur einfach in dem sozialen Beziehungsnetz, in dem Sie sich bewegen, erfolgreicher sein?

Vielleicht sind Ihnen zu dieser Frage noch andere Ziele in den Sinn gekommen. Wir glauben aber, dass diese Persönlichkeitsmerkmale sich alle gegenseitig bedingen: Nehme ich mich selbst besser wahr, steigt mein Selbstbewusstsein, und ich werde mich in sozialen Beziehungen Erfolg versprechender verhalten. Bin ich erfolgreich, gewinne ich daraus neues Selbstvertrauen. Habe ich mehr Selbstvertrauen, sinkt meine Angst in sozialen Situationen usw. Wir haben es hier also nicht mit voneinander unabhängigen Merkmalen zu tun, sondern mit einem Merkmalskomplex. In der Psychologie hat man dem dadurch Rechnung getragen, dass man den Begriff der „sozialen Kompetenz" eingeführt hat, der alle die Merkmale und Verhaltensweisen umfasst, die eine Person dazu befähigen, seine sozialen Interaktionen erfolgreich und für sie selbst befriedigend zu gestalten.

Durch Üben zum Ziel

Wir möchten mit diesem Buch dazu beitragen, Ihre soziale Kompetenz zu verbessern. Dies erreicht man natürlich nicht durch Lesen allein. Wir werden deshalb an vielen Stellen Übungen vorschlagen, denn wirkliche Veränderungen erreicht man nur dadurch, dass man etwas Neues ausprobiert, dass man sozusagen mit seinem Verhalten experimentiert, was beinhaltet, auch einmal Fehler zu machen.

Eine Veränderung wird auch nicht von einem Tag auf den anderen eintreten. Viele *kleine* Fort-Schritte sind notwendig. Viele Menschen haben z.B. durchaus eine richtige Vorstellung davon, was sie tun müssten, um ihre Probleme zu überwinden. Sie berichten sogar häufig über Selbsttherapieversuche, die denen, die in der „richtigen" Psychotherapie durchgeführt werden, im Grundsatz sehr ähnlich sind. Sie machen dabei eigentlich nur zwei Fehler: Erstens überfordern sie sich, sie machen keine kleinen Schritte, sondern versuchen immer, den *einen* großen Schritt zu tun, der alle ihre Probleme überwindet. Zweitens würdigen sie erfolgreich absolvierte kleine Schritte nicht entsprechend, ja sie empfinden sie sogar oft als Misserfolg, weil sie den Erfolg immer an dem großen Ziel der endgültigen Überwindung ihres Problems messen, und gemessen daran sind kleine Schritte natürlich kein Erfolg.

Wichtig ist vor allem, dass Sie sich überhaupt trauen, etwas Neues auszuprobieren, auch wenn damit das Risiko verbunden ist, Fehler zu machen. Fehler lassen sich nicht vermeiden, da es in sozialen Situationen nie absolute Sicherheit geben kann, welches Verhalten das jeweils optimale ist. Mit den folgenden Kapiteln möchten wir Ihnen Werkzeuge in die Hand geben, mit denen Sie soziale Interaktionen und Ihr eigenes Verhalten analysieren können. Sie werden dadurch in der Lage sein, Ihr Verhalten immer weiter zu optimieren. Vorraussetzung dafür ist aber, dass Sie wirklich etwas ausprobieren. Spielen Sie ruhig einmal mit Ihrem Verhalten. Sie werden sehen, dass das richtig Spaß machen kann.

Selbstbewusst und selbstsicher

Wenn Sie sich im Umgang mit anderen Menschen unsicher fühlen, dann haben Sie sicher schon nach den Gründen dafür gefragt. Wahrscheinlich sind Sie darauf gestoßen, dass diese Unsicherheiten schon eine lange Geschichte haben. Vielleicht gehören Sie zu den Menschen, die schon als Kind etwas zurückhaltender und etwas ängstlicher waren als andere. Vielleicht haben Sie sich auch damals bereits dabei beobachtet, dass Sie sich neben selbstsicheren Kindern oder Erwachsenen voller Bewunderung wünschten, selbst so zu sein wie die, die sich nicht „die Butter vom Brot nehmen lassen", die sich ganz einfach trauen, auch mal „nein" zu sagen, die sich nicht von anderen einschüchtern lassen. Warum Sie sich das nicht trauen, können nur Sie selbst beantworten. Vielleicht sind Sie ja ängstlicher „veranlagt" als andere, vielleicht sind es auch Erfahrungen aus der Kindheit, die Sie als Ängste und Hemmungen wie einen Rucksack mit sich herumtragen, vielleicht sind es die Folgen von vielen Fehlschlägen, die Sie im Laufe der Zeit einstecken mussten. All das sind Dinge, die sich im Nachhinein nicht mehr ändern lassen. Sie sind geschehen, und alles Nachdenken darüber macht sie nicht anders, als sie nun einmal waren.

Das Gefühl der Unsicherheit, das dabei zurückgeblieben ist, lässt sich auch nicht von einem auf den anderen Tag abstreifen. Aber Sie können versuchen, sich selbst Erfolge zu organisieren. Sie selbst haben es in der Hand, aus Ihrem Teufelskreis auszubrechen. Wenn Ihnen das gelingt, werden Sie immer mehr Mut haben, „ja" zu sagen zu dem, was Sie möchten, und „nein", wenn Sie etwas nicht möchten. Doch seien Sie nicht ungeduldig. Die alten Muster sind oft zäh und langlebig. Die neuen Muster, die Sie sich aneignen werden, müssen sich gegen die alten durchsetzen. Das braucht viel Übung und etwas Zeit.

In diesem Kapitel finden Sie eine Reihe von Übungen, mit deren Hilfe es Ihnen gelingen wird, Ihre sozialen Fertigkeiten langfristig zu verbessern.

1.1 Wie selbstsicher sind Sie?

Wenn Sie sich entschlossen haben, diesen Weg auszuprobieren, dann ist es gut, wenn Sie sich am Anfang selbst danach einschätzen, wie selbstunsicher und wie ängstlich Sie gegenwärtig sind. Am Ende des Buches, auf S. 166, werden Sie die gleiche Einschätzung wiederholen können. Sie können sich dann nicht allein an den vielen positiven Erfahrungen freuen, die Sie bis dahin gesammelt haben, sondern der Vergleich mit Ihrer jetzt ausgeführten Einschätzung wird Ihnen deutlich zeigen, wie viel sicherer und mutiger Sie geworden sind.

UND JETZT SIE:

Lesen Sie sich die Aussagen durch und entscheiden Sie sich, wie stark Sie diesen Aussagen zustimmen. Dahinter sehen Sie eine Antwortskala, die von 0 bis 100 reicht. Eine Null bedeutet, dass Sie dieser Aussage überhaupt nicht zustimmen, eine Hundert, dass Sie voll und ganz zustimmen können. Versuchen Sie, nicht lange nachzudenken und abzuwägen. Entscheiden Sie sich möglichst spontan und sich selbst gegenüber ehrlich. Machen Sie jeweils ein Kreuz bei der für Sie zutreffenden Zahl.

	Trifft nicht zu Stimmt völlig
(1) Ich habe häufig Angst, etwas falsch zu machen.	0 10 20 30 (40) 50 60 70 80 90 100
(2) Ich habe Schwierigkeiten, „nein" zu sagen.	0 10 20 30 40 50 60 70 (80) 90 100
(3) Meistens gelingt es mir nicht, meine Forderungen durchzusetzen.	0 10 20 30 40 50 (60) 70 80 90 100
(4) Ein Fest, auf dem ich niemanden kenne, ist für mich eine sehr schwierige Situation.	0 10 20 30 40 (50) 60 70 80 90 100
(5) Wenn ich mich Forderungen oder Bitten von anderen verweigere, habe ich ein schlechtes Gewissen.	0 10 20 30 40 50 60 70 (80) 90 100
Summe der Punkte	*310*

Jetzt zählen Sie bitte Ihre Punkte zusammen. Am Ende des Trainingsprogramms können Sie diesen Test noch einmal durchführen und die Punkte vergleichen. Sie können sich jetzt auch überlegen, welche Punktzahl Sie gern erreichen würden (aber überfordern Sie sich nicht, eine Punktzahl unter 100 wird niemand erreichen, der den Test ehrlich beantwortet), und dann am Schluss kontrollieren, inwieweit Sie Ihr Ziel schon erreicht haben, oder ob Sie noch weiter üben sollten.

1.2   Selbstbewusst und unverschämt?

Wir sprechen die ganze Zeit von Selbstbewusstsein. Aber was ist das eigentlich? Bevor wir diese Frage beantworten, wollen wir zuerst eine wichtige Unterscheidung vornehmen.

 Sich selbstsicher zu verhalten bedeutet nicht, unangemessen rücksichtslos zu sein.

Vielfach wird dieser feine Unterschied aber nicht beachtet. Wenn es in einer Situation darum geht, eine legitime Forderung zu formulieren und darauf zu beharren, dann ist ein Verhalten genau dann effektiv, wenn damit das angestrebte Ziel erreicht wird. Im normalen Umgang mit Menschen besteht die beste Aussicht auf Erfolg, wenn eine solche Situation sachlich und korrekt gemeistert wird.

Es geht lediglich um eine sachliche Forderung. Und eine sachliche Forderung ist am besten sachlich zu stellen.

Sich angemessen verhalten – was heißt das?
Der Situation unangemessen und dem Anliegen nicht unbedingt förderlich ist es dagegen, aggressiv zu werden. Möglicherweise fühlt sich dadurch der andere so unter Druck, dass er tut, was ich fordere; möglicherweise wird meine Aggressivität aber auch seinen Widerstand erst aufbauen, was meine Chancen auf Durchsetzung meiner Forderung vermindert. Auf jeden Fall werde ich mit einem solchen Verhalten auf längere Sicht meinen sozialen Beziehungen eher schaden als nützen.

Das soll keineswegs heißen, dass aggressives Verhalten grundsätzlich abzulehnen ist. Denn prinzipiell hat jeder Mensch die Wahl, sich zu verhalten, wie er denkt, dass es richtig und nützlich ist – vorausgesetzt, er achtet das Recht des anderen auf körperliche und psychische Unversehrtheit. Nur sollte man sich dabei immer bewusst sein, welche Folgen diese Handlungen haben. Hat sich zum Beispiel ein Freund ein Buch ausgeliehen und es trotz mehrfachen Drängens immer noch nicht zurückgegeben, dann kann ich meine Forderung entschieden und deutlich wiederholen, vielleicht auch ankündigen, dass ich nicht wieder bereit sein werde, etwas an ihn zu verleihen. Ich kann ihn aber auch anbrüllen, ihn beschimpfen und ihm drohen. Möglicherweise bekomme ich auf diese Art das Buch auf der Stelle zurück, aber der Freundschaft habe ich damit keinen guten Dienst erwiesen.

EXKURS

Warum sind Menschen aggressiv?

Die Frage, warum sich Menschen überhaupt aggressiv verhalten, lässt sich nicht pauschal beantworten. Im alltäglichen Verständnis aggressiven Verhaltens wird oft ein ganzes Geflecht von Ursachen, Bedingungen und Motiven herangezogen. Ärger oder aufgestaute Wut, Gewalt und zu wenig Fürsorge im Elternhaus, gewaltverherrlichende Filme und Computerspiele, aber auch Druck durch Gleichaltrige oder der Wunsch, aufzufallen und cool zu wirken – all das scheinen mögliche Erklärungen für aggressives Verhalten in der Wissenschaft fallen die Erklärungsansätze für die Ursachen aggressiven Verhaltens sehr unterschiedlich aus.

Triebtheorie: Aggression ist ein „innerer Trieb". Zur Popularisierung des Aggressionsbegriffs hat wohl besonders die Psychoanalyse beigetragen. Nach Freud wird der Mensch im Wesentlichen von zwei Trieben gelenkt: dem Lusttrieb (Libido) und dem Todestrieb (Destrudo). Eine Unterdrückung des Todestriebes kann ebenso wie die Unterdrückung der Libido zu erheblichen Störungen führen. Kann Aggression nicht in der Umwelt ausagiert werden, richtet sie sich gegen die Person selbst. Die Formen solcher autoaggressiven Handlungen sind aus der Sicht der Psychoanalyse vielgestaltig. Sie reichen vom exzessivem Nägelkauen über Magersucht bis hin zum Selbstmord.

Die Schlussfolgerungen aus dieser Theorie sind weitreichend. Wenn ein solcher destruktiver Trieb vorhanden ist, also zur Natur des Menschen gehört, so muss er zum Zweck des Selbsterhalts und des Wohlbefindens ausgelebt werden. Damit dies aber nicht in einer Vernichtung der Umwelt oder in einer Selbstvernichtung endet, müssen Menschen lernen, diesen Todestrieb zu regulieren.

Instinkttheorie: Aggression dient der Arterhaltung. Instinkttheoretische Ansätze aus der Ethologie und Soziobiologie betonen den arterhaltenden, anpassungsorientierten Sinn aggressiven Verhaltens. Zu ihnen zählt zum Beispiel die so genannte „Dampfkessel-Theorie". Sie wurde erstmals von dem Verhaltensforscher Konrad Lorenz formuliert. Seiner Meinung nach gibt es ständig fließende Energien, die sich im Organismus ansammeln. Ist ein bestimmtes Maß erreicht, bricht diese Energie in Form von Aggressionen aus. Demnach ist also kein besonderer äußerer Anlass notwendig, um zu „explodieren". Ist genügend Energie angestaut, dann reicht die sprichwörtliche Fliege an der Wand, um uns wütend zu machen.

Die Hausrezepte gegen eine solche unkontrollierte Abfuhr sind gemeinhin, Sport zu treiben und Holz zu hacken. Ob solche Tätigkeiten wirklich als „Ablassventile" fungieren können, ob sie vielleicht gar sozial schädlichem aggressivem Verhalten vorbeugen können, muss allerdings bezweifelt werden. Im Gegenteil: Es gibt zahlreiche Hinweise dafür, dass bei dieser Art des Abreagierens die Bereitschaft zu aggressivem Verhalten eher verstärkt als vermindert wird.

Frustrations-Aggressions-Theorie: Aggression entsteht aus Frustration. Andere Erklärungen für aggressives Verhalten beziehen sich gerade auf die äußeren Auslöser, die bei der „Dampfkessel-Theorie" eigentlich nebensächlich sind. Die „Frustrations-Aggressions-Theorie" geht davon aus, dass Aggression auf frustrierende Erlebnisse folgt. Solche Frustrationen treten immer dann auf, wenn eine Person ein angestrebtes Ziel nicht erreichen kann, weil sie daran gehindert wird, wenn Mangelzustände auftreten oder wenn sich eine Person angegriffen, provoziert oder belästigt fühlt.

Nach heutiger Lesart der Frustrations-Aggressions-Theorie kann Aggression allerdings auch in anderen Situationen auftreten, und umgekehrt wird auch nicht jede Frustration mit Aggression beantwortet. Sie wird dann am wahrscheinlichsten auftreten, wenn sie im Verhaltensrepertoire dominiert, wenn Aggressionshemmungen nicht zu stark sind und wenn aggressive Hinweisreize vorhanden sind.

Lerntheorie: Aggression wird gelernt. Nach neueren Forschungen wird aggressives Verhalten darauf zurückgeführt, dass es vom Menschen im Laufe seiner Entwicklung gelernt wird. Kinder erleben, dass sie mit aggressiven Verhaltensweisen erfolgreich sind oder sehen bei anderen Kindern – aber auch bei ihren Eltern –, dass diese in einigen Situationen aggressiv sind und damit auch bestimmte Effekte erzielen. Sie ahmen dieses Verhalten nach, wenn sie meinen, damit die gleichen Effekte erreichen zu können.

Im Zusammenhang mit dieser Theorie wird auch den Medien ein besonders fördernder Einfluss für das aggressive Verhalten der Kinder beigemessen. Untersuchungen zeigten jedoch, dass die Meinung „viel Gewalt im Fernsehen macht unsere Kinder gewalttätig" so eindeutig nicht stimmt. Zwar neigen Kinder dazu, bestimmte Filmfiguren und deren Handlungen nachzuahmen, aber letztendlich sind es mehr die „wirklichen Menschen" in ihrer Umgebung, von denen sie am meisten lernen.

Sozial-kognitive Theorie: Aggression resultiert aus gestörter Informationsverarbeitung. Eine wachsende Zahl von Forschern hat in den letzten Jahren daran gearbeitet, ein sozial-kognitives Modell zur Erklärung aggressiven Verhaltens weiterzuentwickeln. Man geht davon aus, dass aggressives Verhalten aus Informationsverarbeitungsstörungen resultiert, die dazu führen, dass Situationen verzerrt oder unvollständig wahrgenommen werden.

Für die pädagogische und therapeutische Praxis im Umgang mit Aggression und Gewalt scheint der sozial-kognitive Ansatz die fruchtbarsten Anstöße zu geben. Mit ihm ist es möglich, gezielt Störungen zu diagnostizieren und stufenadäquate Entwicklungsanregungen einzusetzen.

1.3 Worin unterscheiden sich selbstsicheres, unsicheres und aggressives Verhalten?

Der Erfolg unserer Bemühungen, auf lange Sicht zufriedenstellende Beziehungen herzustellen und zu wahren, hängt entscheidend davon ab, inwieweit wir in der Lage sind, unsere Rechte und Forderungen selbstbewusst, aber nicht aggressiv zu formulieren und durchzusetzen. Aggressives und selbstsicheres Verhalten sind darum klar zu unterscheiden, damit wir uns immer dessen bewusst bleiben, welche Konsequenzen unser Handeln hat.

Es ist wahrscheinlich nicht so schwierig, eine Person danach einzuschätzen, ob sie selbstsicher auftritt oder ob sie unsicher wirkt. Der Unterschied zwischen einem selbstsicheren Verhalten und einem selbstunsicheren wird in verschiedenen Merkmalen deutlich: in der Körperhaltung, in der Sprechweise, der Lautstärke, in den

Blicken, in der Eindeutigkeit der Aussagen und vielem mehr. Wenn jemand etwas von mir fordert und mir dabei in die Augen sieht, wenn er ruhig, aber präzise und bestimmt sein Anliegen vorträgt und dazu noch aufrecht steht oder sitzt, werde ich ihn als selbstbewusst wahrnehmen. Scheut er sich jedoch vor einem Blickkontakt, hat er Kopf und Schultern eingezogen und spricht er so leise und verworren, dass ich nur schwer erkennen kann, was er eigentlich möchte, habe ich von ihm einen selbstunsicheren Eindruck. Mitunter reicht für eine solche Einschätzung schon die Art und Weise, wie jemand an meine Tür klopft, wie er mein Zimmer betritt oder auf dem Stuhl sitzt.

Eine Möglichkeit einzuschätzen, ob eine Handlung aggressiv oder selbstsicher oder aber unsicher ist, besteht folglich darin, bestimmte äußere Merkmale des Handelnden zu beobachten. Solche Merkmale sind die Stimme, die Körpersprache, also Gestik und Mimik, die Formulierung und der Inhalt dessen, was gesagt wird.

Selbstsicherheit – woran erkennt man sie?

Eine Person, die sich selbstsicher verhält, spricht angemessen laut, klar und deutlich. Sie formuliert ihre Forderungen und Wünsche eindeutig und wahrheitsgetreu, begründet sie präzise, drückt ihre eigenen Bedürfnisse und Gefühle aus und verwendet dafür das Wort „ich". Ihre Körperhaltung ist dabei entspannt. Mimik und Gestik sind lebhaft und unterstützen das, was sie sagt.

Kriterien der Unsicherheit

Eine Person, die sich unsicher verhält, spricht dagegen leise und zaghaft. Ihre Formulierungen sind unklar und vage. Sie macht umständliche und überflüssige Erklärungen. Statt ihre eigenen Gefühle und Wünsche direkt auszusprechen, deutet sie sie nur indirekt an und benutzt dabei oft das Wort „man". Ihre eigenen Bedürfnisse verleugnet oder verschweigt sie eher, als dass sie diese formuliert. Die Unsicherheit ihres Verhalten zeigt sich auch in ihrer Körperhaltung. Sie wirkt verkrampft, scheut den Blickkontakt und Gestik und Mimik sind stark eingeschränkt.

Wie erkennt man, ob jemand aggressiv ist?

Reagiert eine Person in einer bestimmten Situation hingegen aggressiv, dann brüllt oder schreit sie, oder aber ihre Stimme wird bedrohlich leise. In dem, was sie sagt, ist sie drohend und beleidigend. Sie gibt keinerlei Erklärung oder Begründung für ihre Forderungen und Wünsche, sondern zeigt sich kompromisslos und ignoriert die Rechte der anderen Person. Ihre drohenden, unkontrollierten, wild gestikulierenden Bewegungen unterstreichen dies. Die Person nimmt entweder keinen Blickkontakt auf, oder sie starrt ihr Gegenüber an.

Längerfristige Konsequenzen dieser drei Verhaltensweisen

Diese unterschiedlichen Verhaltensweisen haben natürlich auf denjenigen, mit dem die Person gerade zu tun hat, ganz verschiedene Auswirkungen. Es ist darum möglich, selbstsicheres, unsicheres und aggressives Verhalten auch danach zu unterscheiden, welche Konsequenzen es längerfristig hat. Mit Fragen wie „Wie wird der andere sich jetzt fühlen?", „Wie wird er sich in Zukunft wohl verhalten?" können Handlungen und Äußerungen also gut eingeschätzt werden.

Verhält sich zum Beispiel die andere Person unsicher, wird man sich überlegen fühlen und keine Veranlassung sehen, den zögerlich und vage formulierten Forderungen nachzukommen.

Verhält sich die andere Person hingegen unverschämt und aggressiv, wird man gekränkt sein und sich beleidigt fühlen. Die Wahrscheinlichkeit ist hoch, dass man sich genauso aggressiv zur Wehr setzt, dass man aus „Trotz" gerade das nicht erfüllt, was von einem gefordert wird. Möglicherweise beugt man sich auch dem Druck, doch wird man gegen diese aggressive Person eine innere Aversion aufbauen.

Handelt eine Person jedoch selbstbewusst, dann können ihre Forderungen und Wünsche angenommen werden. Eine solche Person zeigt, dass sie in der Lage ist, mit ihrem Gegenüber auf gleichberechtigter Basis zu interagieren.

In der folgenden Übersicht sind einige der aufgezählten Merkmale für sicheres, unsicheres und aggressives Verhalten zusammengefasst. Wenn Sie sich in Ihrem Freundes- und Bekanntenkreis oder bei Ihren Kolleginnen und Kollegen umschauen und dabei überlegen, welche dieser Personen sich eher sicher, eher unsicher oder aber eher aggressiv verhalten, dann fallen Ihnen vielleicht selbst noch einige Merkmale ein, mit denen Sie diese Übersicht ergänzen können.

Kriterien für sicheres, unsicheres und aggressives Verhalten

	sicher	unsicher	aggressiv
Stimme	► laut, klar ► deutlich	► leise ► zaghaft	► brüllend, schreiend oder bedrohlich leise ► zischend
Formulie-rung	► eindeutig	► unklar, vage	► drohend, beleidigend, verletzend
Inhalt	► präzise Begründung	► überflüssige Erklärungen	► keine Erklärung und Begründung
	► Ausdrücken eigener Bedürfnisse	► Verleugnung eigener Bedürfnisse	► Rechte anderer werden ignoriert
	► Benutzung des Worts „ich"	► Benutzung des Worts „man"	

	▶ Gefühle wer- den direkt ausgedrückt	▶ Gefühle wer- den indirekt ausgedrückt	▶ Drohungen, Beleidigungen, Kompromiss- losigkeit
Gestik, **Mimik**	▶ unterstrei- chend, leb- haft, ent- spannte Kör- perhaltung	▶ kaum vor- handen oder verkrampft	▶ unkontrolliert, drohend, wild gestikulierend
	▶ Blickkontakt	▶ kein Blick- kontakt	▶ kein Blickkon- takt oder „An- starren"
Wirkung	▶ Partner/in fühlt sich akzeptiert, gleichbe- rechtigt	▶ Partner/in fühlt sich überlegen und/oder empfindet Mitleid	▶ Partner/in fühlt sich einge- schüchtert oder provoziert

1.4 Verhaltensweisen unterscheiden üben

UND JETZT SIE:

Versuchen Sie nun, sich in der Unterscheidung von selbstsiche-rem, selbstunsicherem und aggressivem Verhalten zu üben. Sie finden dafür im Folgenden verschiedene Situationsschilderun-gen. Die Personen, die hier auftreten, handeln entweder selbstsi-cher, unsicher oder aggressiv. Ihre Aufgabe ist es zu entscheiden, um welche Verhaltensweisen es sich Ihrer Meinung nach han-delt. Kreuzen Sie in der rechten Spalte an, ob Sie das Verhalten der handelnden Person als selbstsicher (S), unsicher (U) oder aggressiv (A) einschätzen.

Sicher, unsicher oder aggressiv?

(1) An der Tankstelle, an der Sie häufig tanken und an der es noch keine Selbstbedienung gibt, hat einer der Tankwarte vergessen, die Verschlusskappe wieder auf Ihren Tank zu schrauben. Sie bemerken das, fahren zurück und sagen: „Einer von euch Jungs hat doch glatt vergessen, die Verschlusskappe wieder auf meinen Tank zu schrauben. Ich möchte das sofort geändert haben. Falls Sie sie nicht wiederfinden, hat einer von Ihnen sie mir zu ersetzen."

S U A
☐ ☐ ☒

(2) Sie tun sich ziemlich schwer damit, einen Bericht zu schreiben und wissen nicht genau, welche weiteren Informationen Sie dafür noch brauchen und wo Sie diese einholen könnten. Sie sagen zu sich selbst: „Ich bin doch einfach blöd; ich weiß überhaupt nicht, wo ich anfangen soll, wie ich weitermachen soll mit diesem Bericht."

S U A
☐ ☒ ☐

(3) Ihr Zehnjähriger hat Sie dreimal mit irgendetwas Nebensächlichem unterbrochen, während Sie telefonieren. Sie haben ihn jedes Mal freundlich gebeten, nicht zu unterbrechen. Jetzt kommt er wieder an. Sie sagen: „Ich bin jetzt richtig wütend auf dich. Ich kann dir nicht zuhören und gleichzeitig telefonieren. Wenn ich mit dem Telefonieren fertig bin, können wir uns unterhalten."

S U A
☒ ☐ ☐

Beispiel 1: keine leichte Unterscheidung

Die Unterscheidung ist bei manchen dieser Situationen nicht so ganz einfach. Viele empfinden z.B. das Verhalten der Person gegenüber dem Tankwart als selbstsicher. Immerhin wird die Forderung nach dem Tankdeckel deutlich und klar zum Ausdruck gebracht. Dennoch sind wir der Meinung, dass ein solches Verhalten eher als aggressiv einzustufen ist: Die Drohung ist genauso überflüssig wie die versteckte Unterstellung, der Tankwart habe die Verschlusskappe verbummelt. Es genügt, jemanden auf seinen tatsächlichen Fehler aufmerksam zu machen und zu bitten, diesen Fehler zu beheben. Mehr ist im Normalfall nicht nötig.

Beispiel 2: scheint einfacher
Im zweiten Beispiel verhält sich die Person unseres Erachtens nach unsicher. Statt jemanden zu fragen, der ihr vielleicht weiterhelfen könnte, verlegt sie sich darauf, ihre eigenen Fähigkeiten in Zweifel zu ziehen. Sich selbst als „einfach zu blöd" zu bezeichnen, ist ein Klassiker einer negativen Selbstverbalisation. Wir kommen später auf dieses Problem zurück. Viele stufen nach unserer Erfahrung dieses Verhalten aber auch als aggressiv ein und meinen damit – durchaus zutreffend –, dass sich diese Person sich selbst gegenüber aggressiv verhält, indem sie sich selbst verletzt.

 Unsicheres und aggressives Verhalten liegen oft dicht beieinander. Man könnte auch sagen: Aggressives Verhalten ist oft eine Folge von Unsicherheit.

Beispiel 3: Wie haben Sie geurteilt?
Wenn Sie jedoch wie die Mutter im Beispiel 3 auf die Störungen durch Ihr Kind reagieren, dann können Sie sich als durchaus sicher in Ihrem Auftreten betrachten. Sie begründen kurz und eindeutig Ihr Anliegen, bringen Ihren Gefühlszustand zum Ausdruck und verzichten auf Beschimpfungen. Dadurch wird sich Ihr Kind weder abgeschoben noch beleidigt fühlen.

Sicher, unsicher oder aggressiv?

(4) Gemeinsame Ferienpläne werden ganz abrupt von
Ihrem Freund geändert. Er teilt Ihnen das am
Telefon mit. Sie antworten: „Hoppla, das ist wirklich eine Überraschung für mich. Ich möchte dich
gern später wieder anrufen, nachdem ich mir das
alles durch den Kopf habe gehen lassen."

S	U	A
☐	☒	☐

(5) Ihr Mann möchte im Fernsehen ein Fußballspiel
sehen. Zur gleichen Zeit läuft in einem anderen
Programm ein Film, den Sie gerne sehen möchten.
Sie sagen: „Ja, hmm, Schatz, dann schalt' ruhig ein
und schau dir das Fußballspiel an. Vielleicht kann
ich inzwischen ein bisschen bügeln."

S	U	A
☐	☒	☐

(6) Sie arbeiten gemeinsam mit einem Kollegen in
einem Büro, der sich ständig davor drückt, einen
Teil seiner Aufgaben zu erledigen. Er fragt Sie
heute wieder, ob Sie nicht diesen Anteil übernehmen könnten. Sie sagen: „Ja, naja, hm, ich denke,
ja, es geht in Ordnung, obwohl ich fürchterliche
Kopfschmerzen habe."

S	U	A
☐	☒	☐

Beispiel 4: nicht eindeutig

Die Situation 4 ist nicht ganz eindeutig. Betrachtet man die Aussage „das ist wirklich eine Überraschung" als ehrliche Beschreibung
des eigenen Gefühlszustands, müsste man das Verhalten als selbstsicher einstufen. Wäre diese Aussage jedoch nicht ehrlich, weil sich
der Angerufene in Wirklichkeit furchtbar ärgert, müsste man das
Verhalten als unsicher einstufen.

Vielleicht sind Sie ja bei diesem Beispiel der Ansicht, das Verhalten sei doch im Prinzip ganz vernünftig gewesen. Schließlich ist es besser, sich bei einer solchen Nachricht erst einmal zu sammeln, bevor man am Telefon vor lauter Ärger ausrastet. Bei besonders impulsiven Menschen mag das wirklich ein vernünftiger Anfang sein, wenn sie in ihrem Verhalten etwas ändern möchten. Aber letztlich ist eine solche Reaktion doch unsicher. Denn Sie sagen in der bewussten Situation nicht selbstbewusst, dass Sie das Verhalten Ihres Freundes ärgert. Selbstbewusst sein heißt nicht etwa, sich über nichts und niemanden zu ärgern und niemals wütend zu sein. Selbstbewusst zu sein heißt vielmehr, diese Gefühle mitzuteilen, dem anderen zu sagen, dass man mit etwas nicht einverstanden ist. Warum also sagen Sie Ihrem Bekannten nicht gleich, dass Sie es nicht in Ordnung finden, wenn er eigenmächtig gemeinsame Pläne ändert? Sie müssen dafür nicht auf einen besseren Zeitpunkt warten. Sie müssen allerdings auch nicht aggressiv werden, ihn vielleicht beschimpfen oder ihm etwas unterstellen.

Beispiel 5 und 6: ohne Schwierigkeiten zu beantworten

Die Frau in der Situation 5 verhält sich ziemlich eindeutig unsicher. Sie bringt ihr Bedürfnis nicht zum Ausdruck. Das „hmm" ist ebenfalls ein Indikator für Unsicherheit. Ähnlich verhält es sich mit der Situation 6. Auch hier werden die eigenen Bedürfnisse noch nicht einmal zum Ausdruck gebracht. Ist es da noch verwunderlich, wenn Leute, die sich so verhalten, ständig ausgenutzt werden?

Sicher, unsicher oder aggressiv?

(7) Sie haben sich vorgenommen, sich am Nachmittag zwischen vier und fünf eine Stunde für sich selbst zu nehmen und Dinge zu tun, die Ihnen Spaß machen. Jemand ruft an und bittet Sie, Sie um diese Zeit besuchen zu dürfen. Sie sagen: „Ah, hmm, okay, Sie können dann, eh, kommen. Um vier Uhr, ja? Sind Sie sicher, dass der Zeitpunkt auch für Sie günstig ist?"

S U A
☐ ☒ ☐

(8) Eine Freundin leiht sich des Öfteren kleine Geldbeträge von Ihnen und gibt sie nicht zurück, wenn man sie nicht danach fragt. Heute bittet sie wieder um einen kleinen Geldbetrag, den Sie ihr aber nicht gerne geben möchten, um nicht ständig wieder ihrem Geld hinterherzulaufen. Sie sagen: „Ich habe heute nur so viel bei mir, dass ich mein eigenes Mittagessen bezahlen kann."

S U A
☐ ☒ ☐

Beispiel 7 und 8: Hätten Sie's gewusst?
Auch in diesen beiden Beispielen ist das Verhalten wohl recht eindeutig als unsicher einzustufen. Die Personen verhalten sich unehrlich und sagen nicht das, was sie eigentlich denken und empfinden. Auch in ihrer Redeweise („hmm" ist immer verdächtig!) kommt dies zum Ausdruck.

Die folgenden Beispiele verdeutlichen einen weiteren Aspekt des Problems. Es gibt nämlich auch in Situationen, in denen das Verhalten der anderen als unverschämt empfunden wird, die Möglichkeit, sich selbstbewusst, aber nicht aggressiv zu verhalten. Wie bewerten Sie die beiden Situationen?

Sicher, unsicher oder aggressiv?

(9) Sie sind als einzige Frau gemeinsam mit sieben Männern in einer Ausschusssitzung. Zu Beginn der Sitzung bittet Sie der Vorsitzende, heute das Protokoll zu führen. Sie antworten: „Nein, also wissen Sie, das stinkt mir einfach, hier den Protokollführer zu machen, nur weil ich die einzige Frau bin in dieser Runde."

	S	U	A
	☐	☐	☒

(10) Sie sind als einzige Frau gemeinsam mit sieben Männern in einer Ausschusssitzung. Zu Beginn der Sitzung bittet Sie der Vorsitzende, heute das Protokoll zu führen. Sie antworten: „Ich bin damit einverstanden, anteilig das Protokoll zu übernehmen, und will es für heute tun. Bei den nächsten Sitzungen sollten wir diese Aufgabe abwechselnd übernehmen."

	S	U	A
	☒	☐	☐

Beispiel 9 und 10: einmal aggressiv, einmal selbstbewusst

Das Ansinnen, das Protokoll zu übernehmen, kann, aber muss nicht, damit zusammenhängen, dass die Angesprochene die einzige Frau ist. Im ersten Fall wird dies als Tatsache unterstellt. Dementsprechend ist die Reaktion relativ aggressiv. Im zweiten Fall wird darauf verzichtet, dies zu unterstellen. Es wird auch darauf verzichtet, die Motive der anwesenden Männer genauer zu analysieren. Stattdessen wird klargestellt, dass die Angesprochene damit einverstanden ist, wenn zukünftig die Männer ebenfalls das Protokoll reihum übernehmen werden.

UND JETZT SIE:

Sicher, unsicher oder aggressiv?

(11) Sie werden zu einem Vorstellungsgespräch gebeten. Im Verlauf der Unterhaltung schaut der Per-
sonalchef sie abschätzend an und sagt zweideutig:
„Also, Sie sehen wirklich aus, als hätten Sie alle
Qualifikationen für diese Stelle." Sie antworten:
„Ich bin sicher, dass ich die beruflichen Fähigkeiten habe, die für diese Stelle erforderlich sind."

S	U	A
☒	☐	☐

Beispiel II: Wenn Sie sich Aggressionen nicht leisten können
Selbst bei solch offensichtlichen Anzüglichkeiten müssen Sie keineswegs aggressiv antworten. Günstiger ist es auch dann, sich auf
sein Selbstbewusstsein zu besinnen und dadurch zu zeigen, dass
man sich nicht alles gefallen lassen muss. In dieser spezifischen Situation darf natürlich auch nicht vergessen werden, dass sich die
Person insofern in einer schwierigen Lage befindet, als sie auf das
Urteil des Personalchefs angewiesen ist, wenn sie die Stelle haben
will. Eine aggressive Antwort wäre hier wahrscheinlich sehr kon-
traproduktiv.

UND JETZT SIE:

Sehen Sie sich zum Abschluss die letzten drei Beispiele an, die
nach unserer Erfahrung mit Trainingsteilnehmern die meisten
Diskussionen hervorrufen, weil sie am wenigsten eindeutig
scheinen.

Sicher, unsicher oder aggressiv?

(12) Eine Ehefrau sagt zu ihrem Mann, dass sie gerne wieder in ihrem Beruf arbeiten würde. Er ist aber gar nicht dafür und sagt: „Warum willst du denn zusätzlich zu den Kindern und zum Haushalt auch noch arbeiten gehen? Du weißt doch, dass du gar nicht fähig bist, diese Extrabelastung noch zu verkraften."

S ☐ U ☐ A ☒

(13) Ein Bekannter bittet Sie um eine Verabredung. Sie waren schon einmal mit ihm ausgangen und haben aber keinerlei Interesse, sich wieder mit ihm zu verabreden. Sie sagen: „Oh, also diese Woche bin ich unheimlich beschäftigt. Ich glaube wirklich, dass ich also Samstag keine Zeit habe, mich mit dir zu treffen."

S ☐ U ☒ A ☐

(14) Sie sind gerade auf dem Weg zum Fotokopierer, als Ihnen ein Kollege, der Ihnen immer wieder Kopierarbeit für sich aufbürdet, begegnet und Sie fragt, wohin Sie gehen. Sie antworten: „Ich gehe zum Pokalturnier. Oder wonach sehe ich sonst aus?"

S ☐ U ☐ A ☒

Beispiel 12: Unsicherheit erzeugt Aggression

Bei Situation 12 wird häufig die Meinung vertreten, der Ehemann sei unsicher. Mag sein, dass er tatsächlich dadurch verunsichert ist, dass seine Frau jetzt plötzlich in ihrem Leben etwas ändern möchte. Möglicherweise hat er geradezu Angst davor, dass das für ihn unangenehme Folgen haben könnte. Aber selbst wenn unsere Vermutungen stimmen, ist doch seine Äußerung eindeutig aggressiv. Er wertet seine Frau ab und versucht, sie zu verunsichern.

Damit gestaltet er die Beziehung asymmetrisch, also ungleichgewichtig bzw. nicht gleichberechtigt. Er erhebt sich über sie. Und das ist eine aggressive Verhaltensstrategie mit all ihren möglichen längerfristigen Konsequenzen.

Allerdings ist die Annahme plausibel, dass der Ehemann sich aufgrund seiner Unsicherheit so aggressiv verhält. Er fürchtet vielleicht um seine dominierende Stellung oder auch um seine Beziehung, wenn seine Frau durch die Berufstätigkeit mehr Selbstbewusstsein und neue Impulse erhält.

Beispiel 13: Diese Reaktion hilft keinem von beiden

Ebenfalls asymmetrisch wird im Beispiel 13 die Beziehung der Frau zu dem Verehrer. Möglicherweise verhält sie sich so ausweichend, weil sie glaubt, Anstand und Höflichkeit verbieten es, ihm ihr tatsächliches Desinteresse an einem Treffen mitzuteilen. Sie möchte diesen Bekannten nicht „vor den Kopf" stoßen, ihm nicht weh tun. Doch auch mit einem solchen Verhalten wird die Beziehung nicht gleichberechtigt gestaltet. Sie ist unsicher, macht sich klein und lässt auch ihren Verehrer im Ungewissen. Was soll er nun glauben? Kann er einen nächsten Versuch unternehmen, sich mit ihr zu treffen? Oder nervt er sie? Eine klare und ehrliche Antwort wäre nicht nur für sie besser gewesen, um neuerliche Annäherungsversuche zu unterbinden, sondern auch für ihn, damit er weiß, wie er sich zukünftig verhalten soll und wie nicht. Oft ist eine ehrliche Antwort im Moment vielleicht schmerzhafter, auf längere Sicht gesehen aber für beide Seiten hilfreicher.

Beispiel 14: Ironie ist versteckte Aggression

Wenn Sie so wie in Beispiel 14 reagieren, dann sind Sie durchaus schlagfertig. Wer wünscht sich nicht selbst, auf die Dreistigkeit eines Kollegen derart reagieren zu können? Aber Sie lassen ihn mit Ihrer Ironie ziemlich dumm dastehen. Ihr Verhalten ist aggressiv, weil es den Kollegen verletzt. Die Aggressivität ironischer und sarkastischer Bemerkungen wird weitestgehend unterschätzt. Die Genugtuung darüber, es dem anderen endlich mal so richtig gezeigt zu haben, vermittelt das Gefühl des Triumphes. Den Partner können jedoch solche Bemerkungen stark verletzen.

Wenn Sie Ihrem Partner gegenüber auf Ironie und Sarkasmus oder eine andere Form aggressiven Verhaltens zurückgreifen, so steht Ihnen das natürlich völlig frei. Die Übungen zur Unterscheidung von selbstunsicherem, selbstsicherem und aggressivem Verhalten sind nicht dazu gedacht, Sie von der einen oder anderen Variante abzuhalten. Es ist lediglich wichtig, dass Sie sich bewusst werden, wie Sie sich gerade verhalten und welche Folgen Ihr Verhalten haben kann. Wenn Sie sich also für eine aggressive Reaktion entscheiden, dann bedenken Sie, was das in Ihrem Partner auslösen kann, und dass er möglicherweise in der gleichen Art reagieren wird.

> **!** Seien Sie sich im Klaren darüber, ob Sie gerade selbstsicher, unsicher oder aggressiv handeln. Nur dann können Sie auch die Konsequenzen Ihres Tuns richtig abschätzen.

Die Unterscheidung zwischen selbstsicheren, aggressiven und unsicheren Reaktionen ist wichtig, damit Sie einschätzen können, wie Sie sich gerade verhalten. Sie haben zugleich gesehen, dass es für unsicheres und für aggressives Verhalten immer eine bessere Alternative gibt: das selbstbewusste Auftreten.

Bevor wir zu konkreten Schritten kommen, mit denen Sie Ihr Verhalten ändern und sicherer im Umgang mit anderen werden können, müssen wir uns zunächst mit etwas „Theorie" befassen. Genauer ausgedrückt: Wir müssen uns etwas grundlegender damit beschäftigen, was in einer sozialen Interaktion stattfindet, d.h. welche Prozesse in und zwischen den beteiligten Personen ablaufen.

Weiterführende Literatur

Bierhoff, H. W. (1998). Aggression und Gewalt. Phänomene, Ursachen und Interventionen. Stuttgart: Kohlhammer.

Nolting, H.-P. (1997). Lernfall Aggression. Reinbek: Rowohlt.

2 Ein Modell sozialer Interaktion

2.1 Was geschieht in einer sozialen Interaktion?

> **DEFINITION**
>
> Als **soziale Interaktion** bezeichnen wir alle Prozesse, die zwischen zwei oder mehr Personen ablaufen, die Kontakt miteinander haben.

Soziale Interaktionen finden immer dann statt, wenn Sie mit einem anderen Menschen reden, verhandeln oder auch Zärtlichkeiten austauschen. In jedem dieser Fälle tauschen Sie Informationen aus, Sie teilen dem anderen etwas mit. Diese Mitteilungen bestehen nicht immer nur aus Worten. Auch mit Ihrer Körperhaltung, dem Tonfall, der Mimik und Gestik teilen Sie etwas mit, ja, Sie teilen sogar dann etwas mit, wenn Sie vermeintlich nichts mitteilen. Auch dann, wenn Sie schweigen, wird Ihr Gegenüber das in irgendeiner Weise wahrnehmen und einordnen. Mit anderen Worten: Auch Ihr Nicht-Verhalten ist für den anderen eine Mitteilung, die er interpretieren und bewerten wird. Wie der berühmte amerikanische Psychologe Paul Watzlawick es ausgedrückt hat: „Verhalten hat kein Gegenteil. ... Man kann sich nicht *nicht* verhalten." Oder an anderer Stelle: „Man kann nicht *nicht* kommunizieren."

Bevor wir uns mit einzelnen Problembereichen der sozialen Interaktion befassen, wollen wir einmal allgemein klären, was eigentlich genau in einer solchen Interaktion passiert. Welche Prozesse laufen zwischen mir und meinem Interaktionspartner ab und welche Prozesse geschehen dabei in meiner Person?

Sie sind mit Ihrem Partner (oder Ihrer Partnerin) zu einem Fest eingeladen. Ihr Partner kommt spät von der Arbeit nach Hause und sagt zu Ihnen: „Tag Schatz, ich hab' heut' überhaupt keine Lust, auf dieses Fest zu gehen. Ich möchte am liebsten allein sein und niemanden sehen."

Versetzen Sie sich einmal in diese Situation und überlegen Sie, was Sie sich jetzt in diesem Moment denken würden. Wie würden Sie diese Mitteilung interpretieren? Hier sind verschiedene Möglichkeiten.

Sie denken sich z.b.:

▶ „Nie kann man sich auf irgendetwas verlassen, was man abgesprochen hat."

▶ „Das passt mir gut, ich wollte ohnehin lieber allein gehen."

▶ „Ach der Arme, er hat bestimmt einen schweren Tag gehabt. Ich werde allein gehen. Hinterher geht es ihm sicher wieder besser."

▶ „Er tut mir so leid, er hat heute sicher wieder viel Stress gehabt. Ich werde auch zu Hause bleiben und versuchen, ihn wieder aufzumuntern."

▶ „Er mag einfach nicht mit mir in die Öffentlichkeit gehen. Er mag mich nicht mehr."

▶ „Es ist immer dasselbe, aber ich habe ja schon gar nicht mehr mit was anderem gerechnet."

▶ „Das kommt mir ja merkwürdig vor – was er nur vorhat?"

Das ist nur eine kleine Auswahl der möglichen Gedankengänge, andere wären vorstellbar.

Haben Sie sich in einem der Gedanken wieder finden können? Wahrscheinlich werden Sie sagen: Das kommt ja ganz darauf an.

Warum deuten wir eine Situation so und nicht anders?

In der Tat werden viele Faktoren das beeinflussen, was Sie konkret in dieser Situation denken. Ihre innere Reaktion hinge z.b. davon ab,

- ▶ wie Sie die Beziehung zu Ihrem Partner erleben,
- ▶ welche Einstellung Sie zu Partnerschaft allgemein haben,
- ▶ wie Sie die Beziehung Ihrer Eltern erlebt haben,
- ▶ ob Sie eher eine selbstbewusste oder weniger selbstbewusste Person sind.

Auch das ist wieder nur eine kleine Auswahl der beeinflussenden Faktoren. Die Aufzählung ist mit Sicherheit nicht erschöpfend. Es sollte lediglich gezeigt werden, dass die „kognitive Bewertung" einer bestimmten Situation sowohl von der konkreten Situation als auch von den vorhergehenden Erfahrungen der wahrnehmenden Person beeinflusst wird. Unter Kognition verstehen wir alle Prozesse, die dem Erwerb von Wissen eines Menschen dienen: wahrnehmen, erinnern, bewerten, sich etwas vorstellen etc.

Eine Situation an sich ist mehr oder weniger vieldeutig; dennoch werde ich meistens den Eindruck haben, sie sei eigentlich ganz eindeutig. Sie wird als eindeutig wahrgenommen, weil ich sie durch die Brille meiner kristallisierten Erfahrungen wahrnehme. Diese Brille verzerrt häufig, was dann den Anlass zu Kommunikations- und auch Beziehungsstörungen liefert. Wir werden darauf später noch zurückkommen.

 Wir befinden uns in einer bestimmten Situation und reagieren darauf zunächst mit einer kognitiven Bewertung.

Welche Rolle spielen die Gefühle bei der Bewertung einer Situation?

Sie werden sich jetzt vielleicht fragen, wo denn nun die Gefühle bleiben, auch diese spielen ja eine wichtige Rolle in sozialen Interaktionen. In der Tat werden gerade in unserem obigen Beispiel die Emotionen von wesentlicher Bedeutung sein. Allerdings ergeben sich die Gefühle nicht direkt aus der Situation, sondern sind ein Resultat unserer kognitiven Bewertung: Sehen Sie sich noch einmal unsere obige Aufzählung der möglichen Gedanken an. Da wird ziemlich deutlich, dass mit diesen Gedanken sehr unterschiedliche Emotionen verbunden sind. Wenn Sie zu sich sagen: „Nie kann man sich auf irgendetwas verlassen, was man abgesprochen hat", wird das Gefühl, welches dadurch ausgelöst wird, wohl Ärger sein. Wenn Sie dagegen sagen: „Das passt mir gut, ich wollte ohnehin lieber allein gehen", empfinden Sie wahrscheinlich eher Freude und Erleichterung. Situation und emotionale Reaktion hängen also nicht direkt zusammen, sondern dazwischen liegt die vermittelnde Instanz der kognitiven Bewertung.

> **!** Erst das, was man zu sich selbst in einer bestimmten Situation sagt – die kognitive Bewertung –, ruft die emotionale Reaktion hervor.

Sie werden möglicherweise einwenden, dass es Situationen gibt, in denen eine solche kognitive Bewertung gar nicht mehr stattfindet, in denen man direkt „gefühlsmäßig" reagiert. Vielleicht denken Sie an einen Phobiker, an einen Angstpatienten, der auf die Konfrontation mit „seinem" angstauslösenden Reiz (z.B. einer Spinne) sozusagen spontan eine starke emotionale Reaktion zeigt.

Auch in einem solchen Fall findet aber zunächst eine kognitive Bewertung statt. Ohne eine solche Bewertung (die Einordnung der Spinne in die Kategorie der angstauslösenden Reize) gäbe es keine emotionale Reaktion. Allerdings ist in solchen Fällen die kognitive

Bewertung relativ wenig bewusst, sie ist schon sehr weitgehend automatisiert. Die kognitiven Prozesse werden umso weniger bewusst ablaufen, je stärker ein Verhalten automatisiert ist. Gute Beispiele für sehr weitgehend automatisierte Verhaltenssequenzen sind das Gehen, das Auto- und das Radfahren. Bei solchen Tätigkeiten führt der Versuch, diese wieder kognitiv zu steuern, meist zu Problemen.

 Je stärker Handlungsabläufe automatisiert sind, desto schwieriger ist es, sie zu verändern.

Jeder kennt wahrscheinlich aus seinem eigenen Leben Beispiele für solche Schwierigkeiten. Will man sich z.b. das Rauchen abgewöhnen, macht einem nicht nur der sinkende Nikotinspiegel und die dadurch ausgelöste Gier auf eine Zigarette zu schaffen, sondern auch die automatisierten Abläufe, die einen in ganz vielen Situationen automatisch an Zigaretten denken lassen. Verändern lassen sich diese Abläufe nur dadurch, dass man ganz bewusst und zielstrebig sein Verhalten beobachtet und versucht, neue Automatismen an die Stelle der alten zu installieren. Dies ist in der Regel ein mühsamer und auch ein länger dauernder Prozess.

2.2 Schema der sozialen Interaktion

Doch kehren wir zu unserer Beispielsituation der sozialen Interaktion zurück (S. 29). In Abb. 1 sind die bisherigen Ausführungen in einem abstrakten Schema zusammengefasst. Der große Kasten um „Kognitive Bewertung" und „Emotion" soll verdeutlichen, dass diese Prozesse in uns ablaufen. Das Verhalten, das wir dann zeigen, ist ein Produkt dieser internen Prozesse. Dieses Verhalten hat natürlich eine Reaktion meines Interaktionspartners zur Folge, die

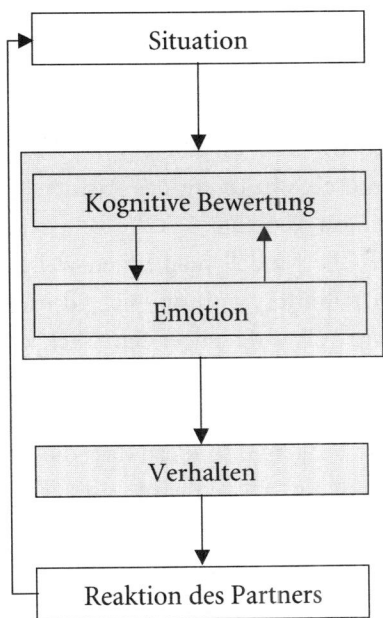

Abbildung 1. Modell sozialer Interaktion: Kognitive Bewertungen und Emotionen im Hinblick auf eine Situation sind intern in uns ablaufende Prozesse. Unser Verhalten ist ein Produkt dieser Prozesse; es hat eine Reaktion des Partners zur Folge, die wiederum die Situation beeinflusst

wiederum für mich eine neue Situation darstellt. Deshalb ist zwischen „Reaktion des Partners" und „Situation" ein Pfeil eingezeichnet.

Die zwei Pfeile zwischen „Kognitive Bewertung" und „Emotion" sind insofern wichtig, als hier Rückkoppelungsprozesse ablaufen: Wenn Sie im obigen Beispiel zu sich sagen „Nie kann man sich auf irgendetwas verlassen, was man abgesprochen hat", werden Sie wahrscheinlich Ärger verspüren. Diesen Ärger nehmen Sie bei sich selbst wahr und bewerten ihn vielleicht als Bestätigung Ihrer kognitiven Bewertung, also als Beweis, dass Ihre Interpretation richtig war.

Alles das, was in dem Schema schattiert ist, betrifft die eigene Person, meine Kognitionen, meine Emotionen und mein Verhalten. Die nicht schattierten Kästchen stellen meine soziale „Umwelt" dar: Es gibt eine Ausgangssituation (in unserem anfänglichen Beispiel Ihr Partner, der Ihnen mitteilt, dass er keine Lust habe, auf das Fest mitzugehen), und es gibt dann – abhängig von Ihrem eigenen Verhalten – eine Reaktion des Partners, die wiederum für Sie eine neue Situation darstellt.

Dieses schematische Modell mag Ihnen vielleicht sehr abstrakt erscheinen, aber dahinter verbirgt sich doch erheblich mehr praktische Relevanz, als auf den ersten Blick ersichtlich werden mag. Wenn Sie bereit sind zu akzeptieren, dass Sie nicht auf die Situation als solche reagieren, sondern dass die Situation erst einer kognitiven Bewertung unterzogen wird und dass Ihre Emotion und Reaktion daher nicht eine direkte Folge der Situation als solche ist, sondern sich aus Ihrer kognitiven Bewertung ergibt, ist auch klar, auf welche Weise Sie Ihr Verhalten bzw. Ihre Reaktionen auf Situationen verändern können: Sie müssen Ihre kognitiven Bewertungen ändern.

Gewohnte Einstellungen ändern – wie macht man das?

Dies mag einfach klingen, ist aber ein sehr schwieriger Prozess, denn viele dieser Bewertungen sind im Laufe unseres Lebens weitgehend automatisiert worden, so dass wir uns oft gar nicht mehr dessen bewusst sind, dass sie in uns stattfinden. Mehr noch: Wir haben im Laufe der Jahre ein ganzes Bündel von miteinander verbundenen Kognitionen in uns angehäuft, so dass man mit einigem Recht von einem Theoriengebäude sprechen kann, welches unser Verhalten lenkt, ohne dass wir das noch so richtig wahrnehmen. Der erste Schritt muss also darin bestehen, sich diese Kognitionen, diese inneren Gespräche wieder bewusst zu machen, nur so können Sie die automatisierten Handlungsabläufe durchbrechen.

Machen wir ein kleines Spiel. Überlegen Sie jetzt einmal in aller Ruhe, welche Ihrer Eigenschaften Sie bei sich gut finden und schreiben Sie sie in die folgenden drei Zeilen. Versuchen Sie sich dabei genau zu beobachten. Welche Gedanken gehen Ihnen dabei durch den Kopf?

1. positive Eigenschaft: _ruhig_

2. positive Eigenschaft: _offen_

3. positive Eigenschaft: _genau_

Haben Sie wirklich drei positive Eigenschaften aufgeschrieben? Wenn ja, wird es Ihnen wahrscheinlich nicht leicht gefallen sein. Wenn nein, werden Sie sicher gemerkt haben, dass sich in Ihnen einiges gegen diese Aufgabe gesträubt hat. Den meisten Menschen fällt es viel leichter, negative Eigenschaften zu nennen als positive. Vielen fällt es auch sehr schwer, ein Lob oder ein Kompliment von jemand anderem anzunehmen und sich die Freude darüber anmerken zu lassen. Getreu unserer abendländischen Tradition hat man selbstkritisch zu sein und nicht „eingebildet" oder „überheblich". Überlegen Sie doch einmal, was Ihnen jetzt alles durch den Kopf gegangen ist, als Sie über die drei positiven Eigenschaften von sich nachgedacht haben. Welche Gedanken haben es Ihnen schwer gemacht? Haben Sie vielleicht daran gedacht, dass jemand dieses Buch in die Hand nehmen und sehen könnte, welche Eigenschaften Sie aufgeschrieben haben, und dass dieser Jemand Sie deshalb für überheblich oder eingebildet halten könnte?

Positive Rückmeldung – größter Lernerfolg

Es gibt hier einen merkwürdigen Widerspruch: Obwohl in der Lernpsychologie schon seit langem nachgewiesen ist, dass Lernen und jede Verhaltensänderung durch Lob bzw. Hervorhebung der positiven Aspekte effektiver gesteuert werden kann als durch Kritik und Tadel, verhalten sich die meisten Leute – auch solche, die es eigentlich besser wissen müssten, wie z.b. Lehrer – so, als sei Kritik die beste Hilfe für jemanden, der etwas lernen will.

Untersuchungen, die an der Universität Bamberg durchgeführt wurden, demonstrieren sehr gut die Überlegenheit einer positiven Rückmeldung. Dort hat man die Rollenspiele von Personen mit der Videokamera aufgenommen. Während der einen Gruppe diese Videoaufnahmen in voller Länge vorgeführt wurden, zeigte man der anderen Gruppe eine geschnittene Aufnahme, die nur aus den Szenen bestand, die gut gelungen waren. Alle weniger guten Passagen waren herausgeschnitten worden. Die zweite Gruppe zeigte einen deutlich höheren Lernerfolg.

 Seit langem ist bekannt: Durch Lob wird das Verhalten viel effektiver gesteuert als durch Tadel.

Hand aufs Herz: Können Sie sich loben?

Jetzt überlegen Sie doch bitte einmal, wie Sie sich verhalten, wenn Sie eine schwierige Situation hinter sich gebracht haben. Fallen Ihnen zuerst die Dinge ein, die nicht so gut gelaufen sind, und die Passagen, die gut gelaufen sind, werden nicht weiter beachtet? Oder überlegen Sie, wie Sie sich gegenüber Ihren Kindern oder Ihrem Partner verhalten. Fällt Ihnen da überwiegend das auf, was Ihrer Meinung nach kritikwürdig ist? Das nicht kritikwürdige Verhalten ist sozusagen „selbstverständlich" und bedarf keiner weiteren Erwähnung.

Im Folgenden soll auf die einzelnen Bestimmungsstücke unseres Ablaufschemas noch etwas näher eingegangen werden. Wir werden dabei so vorgehen, dass zunächst die Prozesse behandelt werden sollen, die innerhalb einer Person ablaufen: Kognition und Emotion. Danach werden wir uns mit dem Verhalten befassen, also mit dem Verbindungsglied zwischen den internen Prozessen und der Umwelt, und abschließend wenden wir uns der Situation zu.

2.3 Kognition und Emotion – ein schwieriges Verhältnis

Emotionen galten traditionell als etwas Niederes

Emotionen spielen in unserer Kultur traditionell eine sehr zwielichtige Rolle. Gefühle und Sexualität galten als etwas Niederes, das durch den Geist (den kognitiven Apparat) beherrscht und im Zaum gehalten werden musste. Je besser einem Menschen das gelang, in desto höherem Maß galt er als wahrhaft menschlich. Das entbehrte nicht einer gewissen Logik, betrachtete man doch den Menschen als ein Wesen, welches sich von den Tieren ganz grundsätzlich unterscheidet, und der kognitive Apparat ist sicher das, was diesen Unterschied am deutlichsten symbolisiert.

Nur nebenbei sei hier angemerkt, dass auch die „mindere" Rolle der Frau zu dieser Logik passt, war doch bei den Frauen aufgrund ihrer Gebär- und Stillfunktion die größere Nähe zum Tierischen offensichtlich (deshalb musste Maria ihren Sohn natürlich auch als Folge einer unbefleckten Empfängnis gebären). Nur folgerichtig war es dann, dass man ihnen auch alle Fähigkeiten zu höheren geistigen Tätigkeiten absprach, dafür aber die Emotionalität und Triebhaftigkeit als typisch weibliche Eigenschaften sehr stark betonte.

Auch heute noch finden sich manche Reste dieser Sichtweise. Einen nicht unerheblichen Anteil daran hat auch die Psychoanalyse Freuds, die von vielen mit Psychologie gleichgesetzt wird, und die – zumindest in Kultur und Medien – das Bild des Menschen maßgeblich geprägt hat. Es kann sicher als Verdienst Freuds angesehen werden, das Menschenbild wieder dahingehend zurechtgerückt zu haben, dass nunmehr auch Emotionen und Sexualität als zwangsläufige Bestandteile menschlicher Existenz betrachtet wurden. Andererseits hat auch Freud ihnen die Rolle von „Bastarden", von eigentlich eher unangenehmen Begleiterscheinungen menschlichen Lebens nicht wirklich genommen. Nach wie vor haben sie den Ruch des Niederen. Nachteilig hat sich zudem ausgewirkt, dass durch die Hinzunahme der Instanz des „Unbewussten" Tür und Tor zu sehr weitgehenden Spekulationen geöffnet wurden, die größtenteils weder beweis- noch widerlegbar sind.

Heute weiß man: Emotionen und Kognitionen stehen in Wechselwirkung

Das heutige Menschenbild der Psychologie ist ein Stückchen darüber hinausgekommen. Weder ist der Mensch ein durchgehend von der Ratio bestimmtes Wesen, noch ist er ein von seinen (unbewussten) Emotionen Getriebener. Emotion und Kognition sind keine Gegensätze, keine Instanzen, die gegeneinander arbeiten. Im Gegenteil, nicht nur in der Psychologie, auch in den angrenzenden Wissenschaften fand man in den letzten Jahren immer mehr Hinweise, wie Emotionen und Kognitionen in gegenseitiger Wechselwirkung und Abhängigkeit – sozusagen Hand in Hand – bei der Lösung der alltäglichen Probleme des Menschen zusammenwirken. Etwas überspitzt formuliert könnte man sagen, dass der Mensch ohne seine Emotionen nicht in der Lage wäre, rational zu handeln. Steht der Mensch in einer Situation, in der es verschiedene Handlungsalternativen gibt, werden offenbar auf der kognitiven Ebene diese Möglichkeiten durchgespielt und auf das Gefühl hin „getestet", das die jeweilige gedankliche Simulation auslöst. In der Regel entscheidet man sich dann für die Handlung, von der man auch „gefühlsmäßig" den Eindruck hat, diese sei die beste.

Wer nicht fühlt, kann auch nicht rational handeln

Fehlt diese Kontrollinstanz der emotionalen Bewertung, kann es zu schwerwiegenden und folgenreichen Fehlern kommen. Diese Vorstellung vom Zusammenwirken von Emotion und Kognition hat man aus Studien an hirnverletzten Patienten gewonnen, die Verletzungen aufwiesen, die das Zusammenspiel zwischen kognitivem und emotionalem Apparat stark beeinträchtigten. Diese Patienten wirkten auf die Umwelt und auch nach den Ergebnissen der üblichen psychologischen und psychiatrischen Tests auf den ersten Blick völlig normal, trafen aber in ihrem Alltag so katastrophale Fehlentscheidungen, dass sie nicht mehr als lebenstüchtig gelten konnten.

Emotionen sind also nichts Störendes, sondern im Gegenteil – wie wir gesehen haben – etwas für das Überleben Notwendiges, etwas, über das wir uns freuen und *mit* dem wir ein ausgefülltes und befriedigendes Leben führen sollten.

> **!** Im Zusammenspiel steuern Emotionen und Kognitionen unser Verhalten. Wollen wir unser Verhalten ändern, müssen wir daher – da die Emotionen ja ein Resultat unserer kognitiven Bewertung sind – diese kognitiven Bewertungen ändern. Und bevor wir an diesen Veränderungsprozess gehen können, müssen wir uns erst einmal bewusst machen, welche Kognitionen in welcher Situation in uns ablaufen.

Es ist gar nicht einfach, Kognitionen mitzuteilen...

Verschiedene psychotherapeutische Schulen haben für kognitive Prozesse unterschiedliche Begriffe gebildet: Die einen sprechen von „Selbstverbalisationen", die anderen vom „inneren Dialog", wieder andere von „automatischen Gedanken". Gemeint ist damit letztendlich immer dasselbe, wobei die Schwierigkeit der Begriffsbildung wohl darauf zurückzuführen ist, dass diese Kognitionen nicht mit sprachlichen Äußerungen gleichgesetzt werden können. Die Struktur ist offenbar anders. Deutlich wird dies z.B., wenn Sie über irgendein kompliziertes Problem nachgedacht haben und schließlich an den Punkt kommen, an dem Sie das Gefühl haben, dieses Problem zu durchschauen. Sicher werden Sie auch schon die Erfahrung gemacht haben, dass es dann doch noch schwierig sein kann, dies jemand anderem zu erklären oder es gar schriftlich niederzulegen. Sprache ist zwangsläufig sequentiell, die Worte und Sätze folgen aufeinander (vergleichbar mit einem Tonband oder einem Film), unsere internen kognitiven Prozesse sind aber nicht sequentiell, sie sind eher mit einem Netzwerk miteinander verknüpfter Assoziationen zu vergleichen, in dem man beliebig hin und her springen kann. Will man Inhalte und Verknüpfungen des Netzwerks einem anderen mitteilen, merkt man, wie schwierig es ist, dieses in eine lineare Abfolge von Gedanken bzw. Sätzen zu pressen.

Was fühlt der andere wohl gerade?

Kommen wir jetzt noch einmal auf die Emotionen zu sprechen. In unserer Sprache gibt es erstaunlich viele Begriffe, mit denen man Gefühlsqualitäten ausdrücken kann. Erstaunlich ist das insofern, als man physiologisch nur wenige emotionale Zustände unterscheiden kann (auch der berühmte „Lügendetektor" kann letztlich nur den Grad der Erregung feststellen), und auch bei der Beobachtung einer anderen Person ist es eigentlich sehr schwierig, ein Gefühl zu identifizieren. Normalerweise merken wir das nicht, weil wir aufgrund der situativen Bedingungen „wissen", welches Gefühl jemand empfindet. Wenn wir z.B. auf einer Beerdigung sind und versuchen, vom Gesichtsausdruck eines der Hinterbliebenen auf dessen Gefühl zu schließen, ist es nahe liegend, dieses als Trauer zu identifizieren. Fehlen uns diese Informationen über die Situation, ist das Ganze viel schwieriger. Betrachten wir z.B. die junge Frau auf Abb. 2. Überlegen Sie einmal, welches Gefühl dort zum Ausdruck kommt. Ist es Verzweiflung oder Angst? Ist es vielleicht Trauer oder Ekstase?

Im Grunde könnte man fast jeden Gefühlszustand in diesen Gesichtsausdruck hineininterpretieren. Klar ist, dass diese Frau hochgradig erregt ist, aber welche Qualität diese Erregung hat, ist sehr viel weniger deutlich. In Wahrheit handelt es sich übrigens um die

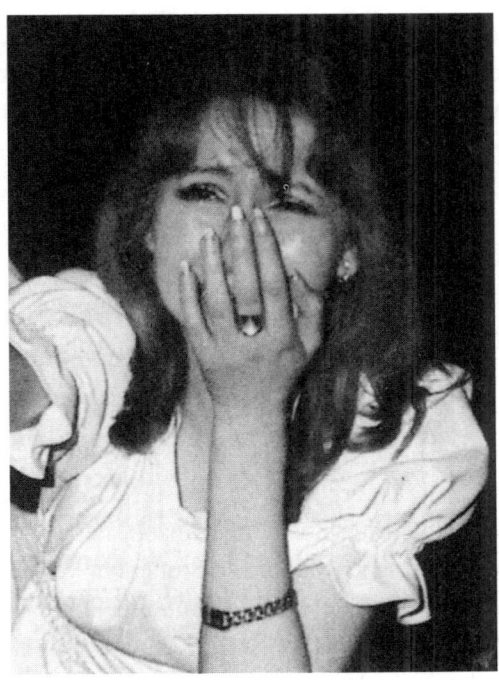

Abbildung 2. Was fühlt die junge Frau wohl gerade? – Solange wir nichts über die Situation wissen, in der sie sich befindet, ist ihr Gesichtsausdruck nur schwer zu deuten

Aufnahme von einer Besucherin eines Rockkonzerts. Es muss also angenommen werden, dass es sich bei dem Gefühl um so etwas wie Freude oder Glück handelt.

Wir haben gesehen, dass es sehr schwierig ist, die Gefühle einer anderen Person richtig zu deuten. Im Grunde können wir das nur deshalb einigermaßen, weil wir aufgrund unserer eigenen Erfahrung gelernt haben, in welchen Situationen man wie empfindet.

Erstaunlich: Wir wissen wenig über unsere eigenen Gefühle

Was wir jetzt für die Beobachtung einer anderen Person ausgeführt haben, gilt in etwas eingeschränktem Maße auch für die Beobachtung der eigenen Person. Auch hier ist die Identifizierung eines Gefühlszustands nicht so eindeutig, wie wir vielleicht meinen. Dazu wurden in der Psychologie einige interessante Experimente durchgeführt. Z.B. wurden Studenten gebeten, an einem psychologischen „Wahrnehmungsexperiment" teilzunehmen. Meldeten sich Studenten, bekamen sie zunächst eine Adrenalinspritze (Adrenalin erzeugt Erregung), wurden aber über die Art der Injektion nicht aufgeklärt. Danach wurden sie gebeten, bis zum Beginn des Experiments noch in einem Warteraum Platz zu nehmen. Hier gesellte sich bald ein weiterer „Student" hinzu (in Wahrheit ein Vertrauter des Versuchsleiters). Dieser gab sich nun bei der einen Gruppe der Studenten sehr ärgerlich, schimpfte über das „blöde Experiment" und über den Versuchsleiter. Bei einer anderen Gruppe von Studenten gab sich dieser Vertraute eher lustig und fröhlich und versuchte, die Studenten in seine Späße einzubeziehen. Während des eigentlichen Experiments füllten die Studenten verschiedene Fragebögen aus und sollten unter anderem ihren Gefühlszustand charakterisieren. Das Ergebnis war, dass die Studenten der ersten Gruppe ihre durch die Injektion erzeugte Erregung eher als Ärger, die der zweiten Gruppe dagegen eher als Freude oder Fröhlichkeit interpretierten. Auch hier zeigt sich wieder deutlich, wie sehr die kognitive Bewertung das beeinflusst, was wir fühlen (oder besser: was wir meinen zu fühlen).

Auf die kognitive Bewertung kommt es an

Ein weiteres Beispiel liefern Experimente zur Prüfungsangst. Hier verabreichte man prüfungsängstlichen Studenten vor der Prüfung jeweils ein Placebo (ein Schein-Medikament ohne Wirkung) und erklärte der einen Gruppe, dass diese Pille zu einer gewissen Erregung führe. Der anderen Gruppe sagte man dagegen, die Pille habe eine beruhigende Wirkung. Anschließend absolvierten die Studenten die Prüfung.

Raten Sie jetzt einmal, welche Gruppe die Prüfungen besser absolviert hat! Nach unserer Erfahrung sagen die meisten Menschen, denen man von diesem Experiment erzählt, dass sicher die Studenten die besseren Prüfungsleistungen zeigten, die das Placebo mit der vorgeblich beruhigenden Wirkung bekommen hatten. In Wahrheit war es genau anders herum. Bessere Prüfungsleistungen zeigten die Studenten, denen man gesagt hatte, dass das Medikament ihr Erregungsniveau erhöhen würde. Wie kann man das erklären? Die Erklärung ergibt sich aus dem bisher Dargelegten: Angst äußert sich physiologisch in einem Erregungszustand. Die Studenten, die das Placebo mit der „erregenden" Wirkung bekommen hatten, konnten ihren objektiv vorhandenen Erregungszustand mit der Wirkung der Pille erklären und mussten nicht auf die Prüfungsangst als Ursache zurückgreifen. Entscheidend ist also nicht der objektive Erregungszustand, sondern die kognitive Bewertung dieses Zustands.

2.4 Verhalten – das, was wir tun

Nur das Verhalten lässt sich beobachten

Nachdem wir uns ausführlich mit Kognitionen und Emotionen beschäftigt haben, kommen wir jetzt zum dritten wesentlichen Bestimmungsstück einer sozialen Interaktion, dem Verhalten. Im Unterschied zu Kognitionen und Emotionen, die *in* der Person ablaufen und nicht direkt beobachtet werden können, ist das Verhalten das, was unsere Interaktionspartner wahrnehmen und auf das sie reagieren.

Eine der wichtigsten psychologischen Schulen, der „Behaviorismus" – am besten übersetzt mit „Verhaltenswissenschaft" – begründete ihr Selbstverständnis auf die Tatsache, dass nur das „offene" Verhalten direkt von außen beobachtbar ist. Da wissenschaftliche Erkenntnisse überprüfbar sein müssen, konzentrierte sich die psychologische Forschung fortan auf die Aspekte des Menschen, die vom Beobachter (dem Wissenschaftler) beobachtet und gemessen werden konnten, und dies war in erster Linie das Verhalten (englisch: behavior). Emotionen und Kognitionen wurden zwar nicht geleugnet, sie wurden jedoch als Aspekte des Menschen betrachtet, die der wissenschaftlichen Betrachtung nicht zugänglich sind. Jedes Lebewesen wurde so zur „black box": Es gibt einen „Input" (Reize, situationale Bedingungen) und es gibt einen „Output" (Reaktion, beobachtbares Verhalten).

Die Wissenschaft in diesem Sinne beschäftigte sich nun damit, die systematischen Zusammenhänge zwischen Input und Output bzw. Reiz und Reaktion zu erforschen. Da dies mit Menschen nicht so ohne weiteres durchführbar ist, befasste man sich ausgiebig mit Ratten.

Menschen wie Ratten: Sie lernen am Erfolg

Dass diese Sichtweise bzw. die damit aufgestellten Kriterien für Wissenschaftlichkeit und das dadurch postulierte Menschenbild erbitterte Kritik von Seiten der traditionellen psychologischen Schulen hervorrief, ist leicht vorstellbar. Auch heute noch gibt es heftige Kontroversen, obgleich sich die Wogen mittlerweile etwas geglättet haben. Und doch hat der Behaviorismus gerade aufgrund dieser radikalen Position die Psychologie ganz entscheidend vorangebracht. Besonders im Bereich der Gesetzmäßigkeiten des Lernens wurden dadurch wichtige Fortschritte erzielt. Allerdings waren gerade die vielen Experimente zum Lernen, die überwiegend mit Ratten durchgeführt wurden (vgl. Abb. 3), eine erneute Provokation.

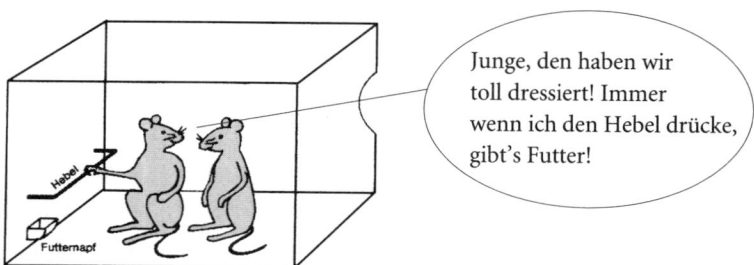

Abbildung 3. „Rattenexperiment": Menschen wie Ratten lernen schnell, wenn man sie für die positiven Seiten ihres Verhaltens verstärkt...

Ließ sich doch zeigen, dass die dabei gefundenen Gesetzmäßigkeiten bei Ratten und Menschen im Wesentlichen gleich sind.

> **!** Menschen wie Ratten zeigen das Verhalten zukünftig häufiger, für das sie belohnt bzw. verstärkt worden sind; sie lernen am Erfolg. Umgekehrt werden die Verhaltensweisen, auf die entweder keine Konsequenzen folgen oder die bestraft werden, zukünftig seltener gezeigt.
>
> Allerdings ist die Effektivität von Belohnung und Bestrafung nicht etwa gleichzusetzen. Menschen wie Ratten lernen viel schneller, wenn man sie für die positiven Seiten ihres Verhaltens verstärkt, als wenn sie für die negativen Aspekte bestraft werden.

Warum man von Strafen absehen sollte

Es ist in mehrfacher Hinsicht problematisch, Bestrafungen als Mittel einzusetzen, wenn man in menschlichen Interaktionen eine Verhaltensänderung herbeiführen will. Zum einen gibt es oft nicht intendierte negative Nebeneffekte (z.B. Störung der Beziehung zwischen Bestrafendem und Bestraften), zum anderen müssen Bestrafungen, um wirklich effektiv zu sein, unbedingt konsistent erfolgen, d.h. *jedes* Auftreten des unerwünschten Verhaltens muss bestraft werden. Im Alltag ist dies aber fast nie möglich, Bestrafungen werden deshalb in der Regel nur hin und wieder auf das unerwünschte Verhalten folgen. Das kann wiederum dazu führen, dass das Ausbleiben einer Bestrafung als Belohnung interpretiert und das unerwünschte Verhalten deshalb häufiger wird.

Auch kann z.B. in der Kindererziehung der Fall eintreten, dass ein ansonsten wenig beachtetes Kind die „Zuwendung" schimpfender Eltern oder Lehrer eher als Verstärkung denn als Bestrafung interpretiert. Ein weiterer Gesichtspunkt ist noch zu beachten: Durch Bestrafungen wird das unerwünschte Verhalten oftmals nur unterdrückt und nicht eigentlich verlernt, und es wird auch kein Alternativverhalten aufgebaut.

Heute weiß zwar jeder Psychologe, dass kaum jemand sein Verhalten ändert, weil er dafür bestraft wurde oder wird, doch viele Eltern, Erzieher und Vorgesetzte sind immer noch der festen Überzeugung, dass Bestrafungen sehr gut geeignet sind, unerwünschtes Verhalten zu reduzieren. Auch verhalten sich viele Menschen, die theoretisch um die Unzulänglichkeit von Bestrafungen wissen, nicht dementsprechend. Unerwünschtes Verhalten hat offenbar einen höheren Aufmerksamkeitseffekt, es fällt auf, während erwünschtes Verhalten für viele „normal" und unauffällig ist und deshalb scheinbar keiner weiteren Beachtung bedarf. Wir haben dies an anderer Stelle (S. 36) schon einmal ausgeführt.

2.5 Situation – sie bewegt uns zum Handeln

Die Situation ist das letzte Bestimmungsstück unseres Ablaufschemas (siehe Abb. 1). Die Situation ist das, was uns zum Handeln (oder Nichthandeln) bewegt und gleichzeitig das, was wir mit unserem Verhalten wiederum beeinflussen oder verändern können. Wie ich mich in einer gegebenen Situation verhalte, hängt zunächst einmal davon ab, wie ich sie wahrnehme und interpretiere. Zum anderen spielen natürlich auch noch meine Ziele eine Rolle.

Kehren wir noch einmal zu unserem anfänglichen Beispiel zurück (S. 29), in dem ihr Partner Ihnen mitteilt, dass er nicht mit Ihnen auf das Fest gehen will, und nehmen wir an, Sie interpretieren das als Zeichen nachlassender Liebe. Wie werden Sie also auf diese Situation reagieren?

BEISPIEL

Eine Situation – verschiedene Reaktionen
▶ **Sie wollen Gewissheit:** Sie werden Ihren Partner sofort mit Fragen bestürmen, warum er jetzt nicht mitgehen will; oder Sie werden Ihren Partner direkt fragen, ob der Grund für

seine Unlust darin zu suchen sei, dass Sie für ihn nicht mehr attraktiv sind.

▶ **Sie wollen die Angst vor dem Verlust Ihres Partners reduzieren:** Sie könnten z.B. ebenfalls zu Hause bleiben in der Hoffnung, durch einen schönen gemeinsamen Abend wieder mehr Nähe zu schaffen. Sie könnten auch anfangen zu weinen, denn Weinen und Wehklagen kann zunächst einmal Erleichterung schaffen, und Sie könnten auch noch die Hoffnung damit verbinden, dass Ihr Partner seinen Entschluss ändert, wenn er sieht, welches Leid er Ihnen damit zugefügt hat.

▶ **Sie wollen den Ärger über ihren Partner reduzieren:** Ein probates Mittel der Ärgerreduktion besteht für viele darin, den anderen zu beschimpfen und zu verletzen. Nicht umsonst gibt es den schönen Ausspruch „Rache ist süß". Dabei besteht natürlich die Gefahr der Eskalation: Der Angegriffene kann wiederum „zurückschießen", Sie nehmen das als Anlass für einen neuen verstärkten Angriff usw.

Auch wenn hier noch mehr Variationen denkbar wären, wollen wir es bei diesen drei Beispielen belassen. Wir sehen, auch bei gleicher Bewertung und Interpretation derselben Situation können die eigenen Reaktionen, das eigene Verhalten sehr unterschiedlich ausfallen. Welche Reaktion man in einer gegebenen Situation zeigt, hängt also auch noch von den eigenen Zielen ab.

! Wir haben jetzt also die folgenden Bestimmungsstücke einer sozialen Interaktion genauer analysiert:
Wir haben die handelnde Person, die sich in einer bestimmten *Situation* befindet und diese wahrnimmt und interpretiert (*Kognition*). Dadurch wird wiederum eine *Emotion* ausgelöst, die ebenfalls wahrgenommen und interpretiert wird und darüber gegebenenfalls zu einer Neubewertung der Situation führt. Aus

> diesem Prozess folgt dann ein *Verhalten*, welches von dem Gegenüber wiederum beantwortet wird, wodurch für die handelnde Person wieder eine neue Situation vorhanden ist.

Das Ganze klingt jetzt ziemlich komplex. Würden wir versuchen, jede mögliche Situation, die wir in unseren sozialen Beziehungen erleben, mit diesen Begriffen zu analysieren, wären wir wahrscheinlich weitgehend handlungsunfähig, so wie man beim Gehen ins Stolpern kommt, wenn man versucht, jede einzelne dabei notwendige Muskelbewegung bewusst zu steuern.

Sie werden fragen, warum wir uns denn nun seitenlang mit der Analyse einer sozialen Interaktion beschäftigt haben, wenn wir der Meinung sind, dass eine fortwährende Analyse unserer alltäglichen sozialen Interaktionen nicht möglich sei. Wir glauben, dass eine solche Analyse immer dann sehr hilfreich sein kann, wenn etwas nicht erwartungsgemäß oder nicht unseren Zielen und Wünschen entsprechend gelaufen ist. Immer dann sollte man in der Lage sein, die jeweilige Situation genauer zu analysieren. Nur dann kann man etwas aus der Situation lernen und sie beim nächsten Mal sinnvoller gestalten.

Kehren wir jetzt zu dem eigentlichen Thema dieses Abschnitts zurück: der Situation. Bei Ihnen wird vielleicht nach dem Lesen der vorhergehenden Abschnitte der Eindruck entstanden sein, dass menschliche Interaktion viel komplizierter und komplexer ist, als Sie angenommen hatten. Wir wollen daher im Folgenden versuchen, das Ganze wieder etwas zu vereinfachen und zu strukturieren. Betrachtet man nämlich soziale Situationen unter dem Gesichtspunkt, welche Verhaltensweisen für ein erfolgreiches Handeln jeweils notwendig sind, stellt man fest, dass sie sich – bei aller Unterschiedlichkeit – drei Kategorien zuordnen lassen:
(1) Situationen vom Typ „Recht durchsetzen"
(2) Situationen vom Typ „Beziehungen"
(3) Situationen vom Typ „um Sympathie werben"

(1) Situationen vom Typ „Recht durchsetzen"

Sie haben sich ein neues Hemd oder eine Bluse gekauft. Beim Auspacken stellen Sie fest, dass die Naht an einer Stelle gerissen ist. Im eingepackten Zustand war das nicht zu sehen. Am nächsten Tag gehen Sie mit dem Hemd bzw. der Bluse in den Laden und verlangen von dem Verkäufer einen Umtausch.

Es gibt Situationen, in denen es darum geht, sein Recht durchzusetzen: Das Recht ist hier auf Ihrer Seite und es geht einzig und allein darum, eine legitime Forderung zu stellen. Die Beziehung zum Verkäufer spielt keine Rolle und es ist unwichtig, ob er Sie sympathisch oder unsympathisch findet. Es ist daher auch nicht notwendig, besonders freundlich zu sein. Andererseits ist es auch nicht sinnvoll, den Verkäufer für den Fehler verantwortlich zu machen. Der Verkäufer muss auch nicht einsehen, dass Sie im Recht sind. Welche Verhaltensweisen sind in diesen Situationen wichtig?

▶ **Klare Forderungen:** Lange Erklärungen oder gar Entschuldigungen sind in solchen Situationen eher unangebracht. Sie sollten klar und deutlich sagen, was Sie wollen, gegebenenfalls dafür auch eine Begründung geben, und das Anliegen so lange wiederholen, bis der andere darauf eingeht. Dabei sollten Sie die „Ich-Form" verwenden („Ich möchte ..."). Wenn der Verkäufer versucht, Sie in ein Gespräch zu verwickeln, sollten Sie eher nicht darauf eingehen, Sie laufen sonst Gefahr, Ihr eigentliches Anliegen (in diesem konkreten Fall den Umtausch) aus den Augen zu verlieren.

▶ **Deutlich sprechen:** Ihre Stimme sollte laut und deutlich sein, keinesfalls sollten Sie sich aber dazu hinreißen lassen, aggressiv zu werden, das würde Ihre Position nur schwächen.

▶ **Blickkontakt:** Wichtig in allen sozialen Situationen ist auch der Blickkontakt. Die meisten Menschen sind sich über die Wichtigkeit des Blickkontakts gar nicht im Klaren, aber in der Praxis hat er eine enorme Bedeutung. Stellen Sie sich einmal eine Person ihrer sozialen Umgebung vor, die ein Anliegen an Sie hat. Stellen Sie sich vor, der andere schaut Ihnen dabei in die Augen und alternativ, er schaut Ihnen nicht in die Augen. Den einen werden Sie als sicher, den anderen als unsicher empfinden. Diese Situation wird ausführlicher auf S. 59–102 behandelt.

(2) Situationen vom Typ „Beziehungen"

BEISPIEL

Sie haben bei der Arbeit einen anstrengenden Tag gehabt. Es war furchtbar hektisch, Ihr Chef war ausgesprochen schlecht gelaunt und hat Sie ständig genervt, und auch sonst hat es überwiegend unerfreuliche Ereignisse gegeben. Als Sie nach Hause kommen, wollen Sie eigentlich nur noch Ihre Ruhe haben. Ihr Partner ist schon zu Hause und wartet auf Sie, weil er mit Ihnen ausgehen und seine Beförderung feiern möchte.

Es gibt Situationen, in denen es vorrangig um die Beziehung zu einem anderen Menschen geht: Auch hier haben Sie natürlich ein Recht auf die Erfüllung Ihres Anliegens (das Bedürfnis nach einem ruhigen Abend), andererseits haben Sie aber auch das Bedürfnis, Ihren Partner nicht zu verletzen und die Beziehung zu ihm auszubauen. Behandeln Sie jetzt diese Situation wie eine vom Typ „Recht durchsetzen" (das Anliegen klar und deutlich formulieren, keine Erklärungen und Entschuldigungen), werden Sie vielleicht in der Hinsicht erfolgreich sein, dass Sie den angestrebten ruhigen Abend tatsächlich verbringen können, im Hinblick auf Ihre Partnerbeziehung wird dieses Verhalten aber vielleicht nicht so erfolgreich sein, denn Ihr Partner könnte sich vor den Kopf gestoßen fühlen. Betrachten wir ein anderes Beispiel.

Ihr Partner ist heute Morgen aus dem Haus gegangen und hat wie so oft eine Riesenunordnung hinterlassen: Schränke und Schubladen stehen offen, die schmutzige Wäsche liegt auf dem Fußboden, und auf dem Küchentisch stehen das schmutzige Geschirr und die Lebensmittel. Sie räumen auf, ärgern sich aber maßlos über die hinterlassene Unordnung. Am Abend suchen Sie das Gespräch mit ihrem Partner, um zu einer Lösung des Problems zu kommen.

Dieses Problem der unterschiedlichen Normen bezüglich Ordnung und Sauberkeit ist den meisten Leuten, die in einer Beziehung leben, wohlbekannt. Weder die Norm Ihres Partners noch Ihre eigene ist rational zu begründen. Dennoch wird genau das in vielen Partnerschaften von einem oder beiden Partnern versucht. Mit anderen Worten, die Situation wird so behandelt, als sei sie eine vom Typ „Recht durchsetzen".

Sie haben zwar ein Recht darauf, Ihre Gefühle, Empfindungen und Wünsche zu äußern (das ist sogar ganz wichtig), Sie haben aber kein Recht auf die Erfüllung dieser Bedürfnisse durch Ihren Partner. Sie können die Erfüllung Ihrer Bedürfnisse nur dadurch erreichen, dass Ihr Partner sich in Sie einfühlt, Ihre Empfindungen nachvollzieht und Ihnen von *sich aus* entgegenkommt.

In solchen Situationen stehen daher nicht die Forderungen, sondern das Äußern von Gefühlen, Empfindungen und Bedürfnissen im Vordergrund. Das Ziel besteht darin, Ihr „Innenleben" so darzustellen, dass Ihr Partner es gut nachempfinden und verstehen kann. Das Gegenstück, das Zuhören-Können, ist natürlich genauso wichtig, wobei unter Zuhören hier richtiges aktives Zuhören zu verstehen ist, das Sich-Einfühlen in den anderen.

Diese Situation wird ausführlicher auf S. 103–139 behandelt.

(3) Situationen vom Typ „um Sympathie werben"

BEISPIEL

Sie gehen in ein Café und sehen an einem Tisch eine Person sitzen, die Sie sehr attraktiv finden und kennen lernen möchten.

Sie sind einkaufen. Als Sie zu Ihrem Auto zurückkehren, sehen Sie, dass die Parkuhr abgelaufen ist und eine Politesse gerade damit begonnen hat, eine Verwarnung zu schreiben. Sie versuchen, die Politesse dazu zu bewegen, auf die Verwarnung zu verzichten.

Sie bewerben sich um eine neue Stelle und werden zu einem Vorstellungsgespräch eingeladen.

Es gibt Situationen, in denen man sein Ziel nur dadurch erreichen kann, dass man für nett und sympathisch gehalten wird: Sie haben hier keinerlei Recht darauf, dass der andere sich Ihren Wünschen gemäß verhält. Alle Rechte liegen bei der anderen Person. Hier müssen Sie also Ihren ganzen Charme spielen lassen, Sie müssen freundlich sein, Komplimente machen, wenn sich die Gelegenheit ergibt, interessiert zuhören und nachfragen, wenn der andere etwas erzählt. Man kann das Ganze auch negativ ausdrücken: Sie müssen sich „einschleimen".

Dieser Begriff ist sehr negativ. Wir haben ihn trotzdem hier mit aufgeführt, weil er gut die Schwierigkeiten kennzeichnet, die viele Leute mit diesen Situationen haben. In vielen Trainingsveranstaltungen haben wir die Erfahrung gemacht, dass manche Menschen ein ungutes Gefühl haben, wenn sie bewusst und gezielt die in diesen Situationen erforderlichen Verhaltensfertigkeiten zeigen sollen. Sie halten es für ethisch nicht vertretbar, andere Leute um des eigenen Vorteils willen zu manipulieren – und „einschleimen" steht für ein solches Verhalten. Wir glauben, dass hier das Werkzeug mit dem Ziel verwechselt wird. Ob ich es in moralischer und ethischer Hinsicht für vertretbar halte, in dem obigen Beispiel die Politesse dazu zu bewegen, ihre Verwarnung wieder zu zerreißen, ist in der Tat eine Entscheidung, die ich für mich selber treffen muss. Hierüber kann man durchaus verschiedener Meinung sein. Aber das Problem liegt in dieser Entscheidung, nicht in dem Verhalten, das ich dann zeige.

Das Verhalten eines erfolgreichen Verkäufers ist ein weiteres Beispiel für soziale Kompetenz in diesem Bereich. Ein guter Verkäufer hat gelernt, dass er in erster Linie sich selbst gut verkaufen muss. Die Vorteile und Qualitäten des Produkts spielen längst nicht die Rolle, die ihr von den meisten Menschen – unerfahrene Verkäufer eingeschlossen – zugesprochen wird. Diese Situation wird ausführlich auf S. 140–161 behandelt.

Vergleich der Situationstypen

Bei einem Vergleich dieser drei Situationstypen fällt auf, dass ein wesentlicher Unterschied in der Rechtssituation besteht: Bei Situationen vom Typ „Recht durchsetzen" habe ich alle Rechte auf meiner Seite, genau umgekehrt verhält es sich bei Situationen vom Typ „um Sympathie werben", und bei Situationen vom Typ „Beziehungen" sind die Rechte ausgeglichen. Wir haben versucht, dies in Abb. 4 zu verdeutlichen.

Die Verhaltensweisen, die in diesen Situationen jeweils zum Erfolg führen, sind ganz unterschiedlich – wie wir in den vorigen Abschnitten gezeigt haben. Wir sind der Überzeugung, dass viele Probleme sozialer Interaktionen darin begründet sind, dass einer der Beteiligten (oder beide) die Situation falsch definiert und sich deshalb unangemessen verhält.

Fasse ich z.B. Beziehungssituationen als solche vom Typ „Recht durchsetzen" auf, werde ich meinen Partner wahrscheinlich ziemlich oft vor den Kopf stoßen. Er oder sie wird das wahrscheinlich als Angriff betrachten und vielleicht mit einem Gegenangriff beantworten, was bei mir wieder entsprechende Reaktionen auslöst usw. Ganz schnell kann die Situation auf diese Weise eskalieren und in eine handfeste Auseinandersetzung münden. Hinterher

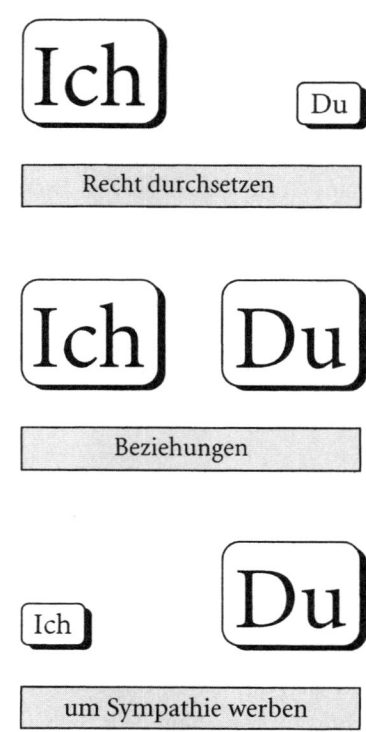

Abbildung 4. Das Verhältnis der Rechte in verschiedenen Situationen: In der Situation „Recht durchsetzen" sind alle Rechte auf Ihrer Seite; in der Situation „um Sympathie werben" ist das Gegenteil der Fall. In der Situation „Beziehungen" sind die Rechte ausgeglichen

kann man sich dann oft überhaupt nicht erklären, wie so etwas passieren konnte.

Manchmal erlebt man auch Partnerschaften, in denen ein Partner nie richtig über das „um Sympathie werben" hinaus gekommen ist, ein Verhalten, welches in der Kennenlernphase durchaus zweckmäßig ist. Es muss aber spätestens dann, wenn aus dem Kennenlernen eine Beziehung geworden ist, mindestens teilweise durch andere Verhaltensweisen ersetzt werden. Solche Menschen wirken dann oft etwas profillos und sind letztendlich nicht in der Lage, eine stabile und intensive Beziehung aufrechtzuerhalten.

Soziale Kompetenz ist dann gegeben, wenn man in der Lage ist, die der jeweiligen Situation angemessenen Verhaltensweisen zu zeigen. Dazu gehört auch, dass man sein Verhalten den Situationsanforderungen entsprechend schnell und flexibel verändern kann.

Im Folgenden werden wir diese drei Situationstypen ausführlicher behandeln und vor allem auch einige Übungen vorschlagen, die Ihnen helfen sollen, die jeweils notwendigen Verhaltensfertigkeiten besser als bisher zu beherrschen. Wir beginnen mit Situationen vom Typ „Recht durchsetzen", weil sie vergleichsweise einfach strukturiert sind. Auch sind die Strategien, mit denen man diese Situationen erfolgreich bewältigen kann, sehr gut beschreibbar und relativ einfach zu erlernen.

Soziale Kompetenz und emotionale Intelligenz

Soziale Kompetenz – oder zumindest das Reden über soziale Kompetenz – hat zweifellos an Bedeutung gewonnen. Dafür gibt es ganz unterschiedliche Gründe wie: Beobachtungen zu Problemen in Familien, das Empfinden zunehmender Gewaltbereitschaft bei Kindern und Jugendlichen, die Ergebnisse von Studien über Gesundheitsrisiken und -schutzfaktoren.

Soziale Kompetenz – Schlüsselqualifikation im Beruf. Zunehmend wächst aber auch ein Bewusstsein dafür, dass soziale Kompetenz zu den so genannten Schlüsselqualifikationen im Berufsleben gehört. Entsprechende Schulungen und Trainings werden inzwischen nicht mehr nur für Führungskräfte angeboten. Diese Vorstöße können natürlich nur der Anfang einer Entwicklung sein, die der Bedeutung sozialer Kompetenz Rechnung trägt. Denn nicht nur die Arbeit von Führungskräften in Industrie und Wirtschaft beinhaltet die Gestaltung zwischenmenschlicher Beziehungen. Im beruflichen Alltag hat jeder mit Menschen zu tun, sei es mit Kunden oder Klienten, sei es, wenn wir mit Kollegen und Vorgesetzen zusammenarbeiten, planen, Bilanz ziehen oder einfach nur einmal so reden. Selbst die zunehmende Heimarbeit basiert auf sozialen Kontakten. Arbeitsanweisungen werden erteilt, Ergebnisse abgerechnet, Produkte, die von anderen hergestellt und angeliefert wurden, werden weiterverarbeitet, wieder abgeholt und weiterversandt. Ganz gleich also, ob wir einer Arbeitsgruppe angehören, ob wir verkaufen, lehren, beraten, heilen und pflegen, oder aber ob wir Arbeiten allein zu Hause erledigen – das Berufsleben basiert immer auf sozialen Beziehungen.

Soziale Kompetenz – ein Stück Lebensqualität. Besonders Kontakte zu anderen Kollegen innerhalb und außerhalb des eigenen Arbeitsbereiches, die nicht durch Hierarchien und Abläufe im Arbeitsprozess gekennzeichnet sind – so genannte informelle Netze – bestimmen, wie wohl und wie eingebunden man sich fühlt. Sie erweisen sich noch dazu häufig als hoch effizient für die Arbeit selbst. Kollegen, die sich gut kennen, tun sich oft einen Gefallen. Mit einem kurzen Anruf lässt sich der meist längere und umständlichere offizielle Weg abkürzen, ein Tipp hilft weiter, gute Beziehungen zu den richtigen Leuten ebnen häufig den Weg zu weiteren wichtigen Kontakten oder helfen, Stimmungen günstig zu gestalten. Es leuchtet ein, dass die Fähigkeit, soziale Kontakte herzustellen und aufrechtzuerhalten, zu den wichtigsten Bedingungen erfolgreichen Handelns im Beruf und im Privatleben gehört. Zweifellos macht soziale Kompetenz also einen wesentlichen Teil unserer Lebensqualität aus.

Emotionale Intelligenz. Auf diesen Tatbestand hat in letzter Zeit vor allem Daniel Goleman in seinem Buch „Emotionale Intelligenz" aufmerksam gemacht. Goleman greift bei seinen Ausführungen auf neuere Intelligenzkonzepte von Howard Gardner, Peter Salovey und Robert Sternberg zurück.

Howard Gardner. Nach Gardner ist nicht nur der IQ, der die akademische Fähigkeit des mathematisch-logischen Denkens und des verbalen Verständnisses misst, für den Lebenserfolg entscheidend. Intelligenz zeige sich auch in räumlichen, kinästhetischen, musikalischen und personalen Fähigkeiten. Der letztgenannte Bereich wird zweifach unterteilt: Personale Intelligenz meint sowohl interpersonale Fähigkeiten, also Stimmungen, Gefühle, Motivationen, Wünsche, Temperamente anderer Menschen zu erfassen und darauf angemessen reagieren zu können, als auch intrapersonale Fähigkeiten, d.h. die eigenen Gefühle wahrnehmen, erkennen sowie zwischen ihnen unterscheiden und das eigene Verhalten von ihnen leiten lassen zu können.

Peter Salovey und Robert Sternberg. Auch Salovey und Sternberg kommen wie Gardner zu einer Auffassung von Intelligenz, die den Rahmen der üblichen IQ-Tests weit überschreitet. Auch sie fanden in vielfachen Studien heraus, dass die mit den IQ-Tests erfassten Fähigkeiten wohl Prognosen über den Schulerfolg von Schülern gestatten; je weiter sich jedoch der Lebensweg von Schule und Universität entfernt, umso weniger Aussagekraft haben diese Testergebnisse für den Erfolg, den jemand im Leben hat, bzw. für dessen Fähigkeit, ein gelungenes Leben zu führen. Entscheidend dafür sei weniger der IQ-Punktwert als vielmehr das, was Gardner personale Intelligenz nennt.

Salovey entwickelt den Begriff der „emotionalen Intelligenz", der Gardners personale Intelligenz in sich aufnimmt. Er unterscheidet dabei fünf Bereiche, die die Fähigkeit der emotionalen Intelligenz markieren:

(1) die eigenen Emotionen erkennen können

(2) Emotionen so handhaben, dass sie angemessen sind

(3) Emotionen in die Tat umsetzen und in den Dienst eines
     Ziels setzen können
(4) Empathie, also wissen, was andere fühlen
(5) Umgang mit Beziehungen

Daniel Goleman. Goleman greift diese Konzepte auf und bringt
sie auf einen kurzen Nenner: Als emotionale Intelligenz bezeichnet er die Fähigkeit, intelligent mit den eigenen Gefühlen und
den Empfindungen anderer umzugehen. Um emotional intelligent zu sein, müssen Menschen über ausgeprägte Fähigkeiten
zur emotionalen und motivationalen Selbstregulation sowie zur
Perspektivenübernahme, d.h. zur Übernahme der Sicht des anderen auf die Welt, verfügen. Diese Fähigkeiten sind nicht etwa
angeboren, sondern sie werden im Laufe des Lebens gelernt und
können darum auch durch neue Lernprozesse geschult und verändert werden.
Damit beschreibt er genau den Kern sozialer Kompetenz, die
sich nach Hinsch und Pfingsten (2002) darin zeigt, dass Personen durch Verfügbarkeit und Anwendung von kognitiven, emotionalen und motorischen Verhaltensweisen in sozialen Situationen positive Konsequenzen herbeizuführen in der Lage sind.

Weiterführende Literatur

Damasio, A. R. (1996). Descartes' Irrtum. Fühlen, Denken und das menschli-
che Gehirn (2. Aufl.). München: List Verlag.
Funke, J. & Vaterrodt-Plünnecke, B. (1998). Was ist Intelligenz? München: Beck.
Gardner, H. (1985). Abschied vom IQ: Die Rahmentheorie der vielfachen In-
telligenzen. Stuttgart: Klett Cotta.
Goleman, D. (1996). Emotionale Intelligenz. München: Carl Hanser Verlag.
Ledoux, J. (2001). Das Netz der Gefühle. Wie Emotionen entstehen. München:
DTV.
Spitzer, M. (2002). Lernen. Gehirnforschung und die Schule des Lebens.
Darmstadt: Wissenschaftliche Buchgesellschaft.

3 Situationen vom Typ R – Recht durchsetzen

3.1 Wodurch zeichnet sich die Situation „Recht durchsetzen" aus?

BEISPIEL

Frau Mueller will nach einer anstrengenden Woche am Sonntag einen Mittagsschlaf machen. Kurz nachdem sie sich hingelegt hat, beginnt ihr Nachbar, zu dem sie ein eher angespanntes Nachbarschaftsverhältnis hat, mit seiner Kreissäge Holz zu sägen.

Frau Schultze hat in der letzten Frauenzeitschrift eine schicke Frisur gesehen, die sie selbst gern haben möchte. Sie geht also zum Friseur und zeigt ihm das entsprechende Bild. Die Frisur, die sie bekommt, hat allerdings nicht die entfernteste Ähnlichkeit mit der auf dem Bild.

Herr Schmitt hat sich einen neuen Fotoapparat gekauft. Als er ihn das erste Mal ausprobieren möchte, bemerkt er, dass er nicht funktioniert.

Die drei Personen in diesen einfachen Beispielen befinden sich in ganz verschiedenen Situationen, die sich aber in einer Hinsicht wiederum sehr ähnlich sind. Was ihre Situation so ähnlich macht, ist eine bestimmte Ausgangslage: Sie alle haben berechtigte Ansprüche auf etwas. Frau Mueller hat Anspruch darauf, in der Mittagszeit Ruhe zu haben, Frau Schultze hat Anspruch auf die Leistung (die Frisur aus der Zeitschrift), die sie gefordert hat, und Herr Schmitt hat Anspruch auf einen funktionierenden Fotoapparat.

Eigentlich bräuchte man kein Wort darüber zu verlieren, wenn es nicht immer wieder passieren würde, dass solche berechtigten Ansprüche von anderen absichtlich oder versehentlich übergangen würden. Der Nachbar von Frau Mueller macht mit seiner Kreissäge in den Mittagsstunden Lärm, der Friseur hat nicht ordentlich gearbeitet oder sich die Vorlage aus der Zeitschrift nicht gründlich angeschaut, und der Verkäufer hat ein defektes Gerät verkauft. Aus rechtlicher Sicht ist die Ausgangslage für Frau Mueller, Frau Schultze und Herrn Schmitt eindeutig: Sie haben ein Recht darauf, dass ihre Ansprüche erfüllt werden.

Aus dieser Ausgangslage wird nun die Situation, um die es in diesem Kapitel geht. Die drei Personen aus den Beispielen stehen jetzt vor der Aufgabe, ihre Ansprüche geltend zu machen. Sie befinden sich damit in typischen Situationen, die wir als „Recht durchsetzen" bezeichnen.

> **!** Die Situationen vom Typ „Recht durchsetzen" zeichnen sich dadurch aus, dass eine Person eine andere dazu bringen möchte, ihre legitime Forderung zu erfüllen. Andere Ziele sind dagegen unbedeutend.

Obwohl Situationen vom Typ „Recht durchsetzen" eine klare, einfache Struktur haben – es gibt nur ein Ziel für den, der handelt und auch nur eine Strategie, wie dieses Ziel erreicht werden kann – birgt sie für viele Leute trotzdem eine ganze Menge von Schwierigkeiten und möglichen Hindernissen. Schauen wir uns darum zuerst an, an welchen Stellen sich die wichtigsten „Stolpersteine" verstecken.

3.2 Rechte durchsetzen – aber wie?

Ganz sicher verbirgt sich die größte Schwierigkeit im grundlegenden Satz dieser Situation: Wer eine legitime Forderung hat, kann auf deren Erfüllung bestehen.

Bei genauerem Hinsehen müssen, bevor ich überhaupt frage, wie ich denn auf einer Erfüllung meiner Ansprüche bestehen soll, einige Vorentscheidungen schon getroffen sein. Vom Ausgang dieser Vorentscheidungen hängt – noch bevor ich mich überhaupt irgendwie verhalten habe – schon ein großer Teil meines möglichen Erfolges ab. Um welche Vorentscheidungen handelt es sich also?

Sie sollten Ihre Rechte kennen!

Ein erster Stolperstein kann sein, dass die rechtlichen Voraussetzungen, die Legitimität der Forderungen also, nicht sicher bekannt sind. Für Frau Mueller ist es darum wichtig zu wissen, zu welchen Zeiten ruhestörender Lärm akzeptiert werden muss und zu welchen Zeiten er untersagt ist. Gleiches gilt für Frau Schultze. Sie muss wissen, auf welchen Leistungen sie bestehen kann und welche Möglichkeiten der Reklamation sie hat. Auch Herrn Schmitt sollten die Garantie- und Reklamationsbestimmungen wenigstens ansatzweise bekannt sein.

Nun ist es aber für den juristischen Laien fast unmöglich, sämtliche gesetzlichen Regelungen zu überschauen, geschweige denn, sie tatsächlich in allen ihren Feinheiten zu kennen. Darin liegt eine gewisse Schwierigkeit für das Verhalten in der Situation „Recht durchsetzen".

Nicht genau zu wissen, ob das, was eingefordert werden soll, auch tatsächlich rechtlich legitimiert ist, macht unsicher. Und ist man unsicher, sinken die Chancen für den Erfolg der Bemühungen, noch bevor man tatsächlich etwas unternommen hat. Im anderen Fall – wenn wir glauben im Recht zu sein, es aber tatsächlich nicht sind – könnte es eventuell peinlich werden, oder es könnte gar ein Streit vom Zaun gebrochen werden, der ganz und gar unnötig wäre.

Wenn es für Sie in bestimmten Situationen nicht eindeutig klar sein sollte, ob Ihre Forderung wirklich rechtlich legitim ist, dann sollten Sie sich eventuell zuerst informieren, bevor Sie Ihr Recht durchsetzen (z.B. durch einen Anruf bei der Verbraucherzentrale). Das ist allerdings nicht immer möglich, oder aber nur mit unangemessen hohem Aufwand wirklich durchzuführen.

Rechtsfragen aber auch nicht überbewerten

Allerdings sollte das Problem der rechtlichen Legitimität hier nicht überbewertet werden. Dabei gerät aus dem Blickfeld, dass die allermeisten dieser Situationen auch in rechtlicher Sicht doch ziemlich eindeutig sind, dass also in aller Regel das „persönliche Rechtsempfinden" mit der Gesetzeslage relativ gut übereinstimmt. Zudem wird in der Praxis meistens die Frage der rechtlichen Legitimität überhaupt nicht zum Tragen kommen, da auch das jeweilige Gegenüber ein Interesse an einer friedlichen Regelung hat.

So wird der defekte Fotoapparat von Herrn Schmitt natürlich mit an Sicherheit grenzender Wahrscheinlichkeit anstandslos umgetauscht werden. Der Verkäufer hat zum einen ein Interesse an zufriedenen Kunden, und zum anderen entstehen ihm dadurch keine Kosten, da diese wiederum der Hersteller trägt. Auch der Friseur von Frau Schultze lebt von zufriedenen Kunden und wird deshalb wahrscheinlich sehr viel tun, um Frau Schultze zufrieden zu stellen. Etwas schwieriger wird es in dem Beispiel mit dem sägenden Nachbarn sein. Hier kann der Nachbar, der trotz sonntäglicher Mittagsstunden seine Arbeit machen und zu Ende bringen will, nichts gewinnen, wenn er der Forderung von Frau Mueller stattgibt. Dass ihm eine harmonische Nachbarschaftsbeziehung relativ egal ist, hat er schon mehrfach gezeigt. Also hat er eigentlich nur etwas zu verlieren (nämlich Zeit) und wird daher mit größerer Wahrscheinlichkeit Frau Muellers Forderung Widerstand entgegensetzen.

Auf jeden Fall sollten Sie in einem ersten Schritt überlegen, welches Ihre Rechte sind und welche Forderungen Sie haben, denn je stärker Sie das Gefühl haben, dass das Recht auf Ihrer Seite ist, desto sicherer werden Sie auftreten.

Regel 1: Machen Sie sich klar, welches Ihre Rechte sind und was Sie erreichen wollen!

Es steht Ihnen frei, nicht auf Ihrem Recht zu bestehen!

Ein zweites Hindernis verbirgt sich für manche Leute hinter dem Wörtchen „kann". Dieses Wort bedeutet zweierlei: in der *Lage* sein, etwas zu tun oder aber die *Möglichkeit* haben, etwas zu tun. Beginnen wir mit der zweiten Bedeutung. „Können" heißt hier natürlich nicht „müssen". Niemand, der erkennt, dass er einen berechtigten Anspruch auf etwas hat, ist in irgendeiner Weise dazu verpflichtet, seine Rechte einzufordern. Jedem ist es freigestellt, darauf zu verzichten. Ob ich verzichte oder nicht, hängt von vielen Bedingungen ab. Wenn Frau Mueller zum Beispiel schon, bevor der Lärm einsetzte, gemerkt hat, dass sie nicht zur Ruhe kommen und schlafen kann, und bereits überlegt, ob sie stattdessen nicht lieber spazieren geht, dann mag es für sie eigentlich gleichgültig sein, ob ihr Nachbar Lärm macht oder nicht. Vielleicht empfindet sie das sogar als Entscheidungshilfe und ist ganz froh, dass sie nun quasi dazu gezwungen ist, sich zum Spaziergang zurecht zu machen. Und wenn Frau Schultzes Frisur noch viel schöner ist als die auf dem Foto, dann kann sie sich freuen. Warum sollte sie nun darauf bestehen, dass der Friseur etwas ändert?

Wägen Sie die Vor- und Nachteile ab

Doch solche Fälle sind nicht die Regel. Meistens kommen wir ja erst auf den Gedanken, ein Recht einzufordern, wenn wir mit einer Leistung oder einer Situation nicht einverstanden sind. Doch auch in diesem Fall steht es noch immer jedem frei, sich dafür zu entscheiden, nichts zu unternehmen.

Für so eine Entscheidung kann es gute Gründe geben. Eine Teilnehmerin an einem von uns durchgeführten Training meinte zum Beispiel, dass sie gegenüber einem Mieter im Haus, der bis in die frühen Morgenstunden hinein eine rauschende Party feiert, niemals ihr Recht auf ungestörte Nachtruhe einfordern würde. Schließlich sei in der Regel *sie* es, die den meisten Lärm mache, und bis jetzt habe das jeder im Haus toleriert. Sie habe also vielleicht juristisch betrachtet das Recht, vom lärmenden Nachbarn Ruhe zu fordern, moralisch betrachtet habe sie dieses Recht jedoch nicht. Ein anderer Teilnehmer erzählte, dass er mit der lauten Musik seines Nachbarn recht gut leben könne, weil sie ihm selbst gut gefalle. Auf diese Weise wäre er schon auf so manche gute CD aufmerksam geworden.

Sie sehen: Nicht immer, wenn berechtigte Ansprüche bestehen, müssen diese auch durchgesetzt werden. Bevor es so weit ist, sollte man abwägen, ob man die Situation als eine vom Typ „Recht durchsetzen" betrachten will oder nicht. In manchen Fällen ist die Entscheidung überhaupt keine Frage, in anderen Fällen ist die Entscheidung vielleicht etwas schwieriger. Oftmals ist es lediglich eine Frage der Toleranz, die die Waage mehr nach der einen oder nach der anderen Seite ausschlagen lässt.

Forderungen aussprechen

Was aber, wenn die Grenzen der Toleranz überschritten werden? Erst damit sind wir beim eigentlichen Kern unserer Überlegungen angelangt: Wie muss ich mich verhalten, um effektiv mein Recht durchzusetzen? Alle bisherigen Vorüberlegungen betrafen lediglich die Entscheidung darüber, ob ich eine bestimmte Situation als eine des Typs „Recht durchsetzen" betrachten will oder nicht.

Die Regeln, die in diesen Situationen befolgt werden sollten, sind eigentlich recht einfach.

 Regel 2: Sprechen Sie Ihre Forderung deutlich aus!

Eine Forderung auszusprechen mag für den einen überhaupt kein Problem sein, für den anderen erfordert aber bereits dieser Schritt ein gewisses Maß an Mut und Überwindung. Dieses Maß ist oft davon abhängig, ob ich die Person, gegen die ich ein Recht durchsetzen möchte, kenne oder nicht. Sicher ist es schwieriger, die Party des Nachbarn zu unterbrechen, weil ich wegen des Lärms nicht schlafen kann (ich möchte meinen Nachbarn ja nicht verärgern), als einem unwillkommenen Versicherungsvertreter (den ich nicht kenne und der mir relativ gleichgültig ist) den Zutritt zu meiner Wohnung zu verweigern. Und sicher ist es auch schwieriger, einem netten Nachbarn gegenüber auf Ruhe zu bestehen, als gegenüber einem Nachbarn, den ich nicht leiden kann und mit dem ich schon seit Monaten Ärger habe.

Von jemandem etwas zu fordern, wird für die meisten dann schwieriger sein, wenn zu diesem eine Beziehung besteht. Man hat dann Angst, diese Beziehung könnte gestört werden oder man könnte bei dem anderen Sympathien einbüßen. In vielen Fällen sind solche Bedenken völlig unbegründet, ja irrelevant. Wenn ich z.B. etwas umtausche, besteht in der Regel zu dem Verkäufer keine persönliche Beziehung. Insofern kann es mir völlig gleichgültig sein, ob ich bei diesem Sympathiepunkte einbüße oder nicht. Aber auch wenn eine Beziehung besteht, ist es oftmals viel sinnvoller (und auch für die Beziehung förderlicher), die Forderung klar und deutlich zum Ausdruck zu bringen, als sich still zu ärgern. Viele Menschen fressen den Ärger in sich hinein, um ihn dann womöglich an anderer Stelle wieder loszuwerden. Das ist für den anderen dann überhaupt nicht zu verstehen, weil der Zusammenhang nicht klar ist.

Bleiben Sie sachlich

Eine berechtigte Forderung zu stellen und durchzusetzen bedeutet weder, jemanden zu belästigen oder zu beleidigen noch ihn zu bestrafen.

Regel 3: Eine berechtigte Forderung stellen ist kein Angriff! Das Ziel besteht nicht in der Verletzung des anderen.

Die Wahrscheinlichkeit, dass Sie ihre Forderung durchsetzen, wird umso größer sein, je weniger Sie sich zu aggressiven und beleidigenden Äußerungen hinreißen lassen. Bleiben Sie sachlich und vermeiden Sie alles, was von dem anderen als Angriff gedeutet werden kann. Fühlt der andere sich angegriffen, wird das lediglich dazu führen, dass er seine „Verteidigungslinien" organisiert, was die Durchsetzung Ihrer Forderung nur schwieriger machen wird. Auf der anderen Seite besteht aber auch kein Anlass, Ihre Forderung aus lauter Angst, den anderen zu verletzen, durch Entschuldigungen und lange Erklärungen zu relativieren.

 Regel 4: Wenn Sie eine berechtigte Forderung stellen, müssen Sie sich weder dafür entschuldigen noch dafür rechtfertigen!

Wenn Herr Schmitt also seinen Fotoapparat zum Umtausch wieder in das Geschäft zurückbringt, in dem er ihn gekauft hat, dann ist es weder sinnvoll, den Verkäufer für den Ärger verantwortlich zu machen oder ihm gleich mit dem Anwalt zu drohen, noch ist es sinnvoll, lange Erklärungen abzugeben, was er alles mit dem Fotoapparat gemacht hat, um festzustellen, was defekt ist – oder sich gar zu entschuldigen, dass er dem Verkäufer zur Last fällt. Herr Schmitt ist zu Schaden gekommen (er hat viel Geld für eine defekte Ware ausgegeben) und sollte bis zum Beweis des Gegenteils davon ausgehen, dass auch der Verkäufer ein Interesse hat, diese Angelegenheit möglichst schnell und unproblematisch zu regeln. Sollte der Verkäufer wider aller Vernunft dazu nicht bereit sein, ist immer noch Zeit, andere Mittel einzusetzen, z.B. damit zu drohen, sich beim Geschäftsführer zu beschweren oder einen Anwalt hinzuzuziehen.

Recht haben und Recht bekommen sind zwei Paar Schuhe

Selbst wenn Sie Ihre Forderung deutlich zum Ausdruck gebracht haben, weder aggressiv geworden sind noch lange Entschuldigungen abgegeben haben, kann es passieren, dass der andere nicht auf die Forderung eingeht. Weigert sich der Verkäufer, das Gerät zurückzunehmen oder weigert sich der Nachbar, seine Arbeit an der Kreissäge einzustellen, dann nützt es Herrn Schmitt und Frau Mueller überhaupt nichts, Recht zu haben, solange sie dieses Recht nicht auch durchsetzen können.

 Regel 5: Bestehen Sie auf Ihren Forderungen!

An dieser Stelle liegt der größte der angekündigten „Stolpersteine". Vorausgesetzt, die Rechte sind bekannt und die Entscheidung ist gefällt, dass sie als berechtigte Forderungen durchgesetzt werden sollen, dann ist immer noch nicht ganz klar, welches Verhalten in dieser Situation angebracht ist. Wie schaffe ich es, dass der andere meine legitime Forderung erfüllt? Was kann ich tun, wenn der andere versucht, mich in eine Diskussion zu verwickeln, aber keinerlei Anstalten macht, das zu tun, was ich möchte? Gibt es so etwas wie einen Trick, gibt es so etwas wie eine „optimale Verhaltensstrategie", die die Wahrscheinlichkeit, dass ein Recht auch tatsächlich durchgesetzt werden kann, möglichst groß macht?

Mit diesen Fragen wollen wir uns nun näher beschäftigen. Fragen wir zunächst danach, was denn überhaupt „Erfolg" und „Misserfolg" in solchen Situationen heißt, und dann, wodurch sich erfolgreiches und nicht erfolgreiches Verhalten in solchen Situationen unterscheidet.

3.3 Wurde die Situation erfolgreich bewältigt?

Sehen wir uns zuerst an, wie sich die drei Personen aus unseren Beispielen verhalten.

Nachdem Frau Mueller lange gebraucht hat, bis ihr Nachbar sie bemerkt und seine Maschine abgestellt hat, sagt sie: „Ähm, ja, also wissen Sie, ich hatte ganz schön viel Stress letzte Woche und wollte ja eigentlich vielleicht ein bisschen schlafen jetzt, und da ist die Kreissäge doch ein bisschen zu laut. Könnten Sie vielleicht noch ein wenig warten? Ich meine, ich kann mir ja denken, dass Sie das erst fertig machen wollen. Aber, ähm, vielleicht könnten Sie, na ja, vielleicht erst mal was anderes machen, was nicht so viel Krach macht?" Der Nachbar sagt mit einem Schulterzucken, er müsse tatsächlich jetzt alles wegsägen, weil er die Maschine in ein paar Stunden jemand anderem verleihen will. Er schlägt Frau Mueller vor, sich doch später hinzulegen, macht die Maschine wieder an und sägt weiter.

Frau Schultze, sich im Spiegel betrachtend und im Grunde entsetzt über ihre Frisur, sagt zu ihrem Friseur: „Na, da haben Sie ja mal wieder gezeigt, was Sie alles können." Mit säuerlicher Miene bezahlt sie und geht.

Herr Schmitt spricht den Verkäufer mit den Worten an: „Gut, dass ich gerade Sie antreffe. Sie haben mir da einen kaputten Fotoapparat angedreht. Das ist ja einfach unglaublich. Tauschen Sie den um, oder ich beschwere mich über Sie bei Ihrem Chef." Der Verkäufer entschuldigt sich und tauscht den Fotoapparat um.

Wir sehen, dass sich die drei Personen ganz unterschiedlich verhalten haben, obwohl sie im Prinzip vor der gleichen Aufgabe standen. Bevor wir zu der Frage kommen, wie denn nun Erfolg oder

Misserfolg in diesen Beispielen aussieht, werden wir nochmals die fünf Regeln zu Rate ziehen, um auf verschiedene Fehlerquellen aufmerksam zu machen.

> **Regel 1:** Machen Sie sich klar, welches Ihre Rechte sind und was Sie erreichen wollen!
>
> **Regel 2:** Sprechen Sie Ihre Forderung deutlich aus!
>
> **Regel 3:** Eine berechtigte Forderung stellen ist kein Angriff! Das Ziel besteht nicht in der Verletzung des anderen.
>
> **Regel 4:** Wenn Sie eine berechtigte Forderung stellen, müssen Sie sich weder dafür entschuldigen noch dafür rechtfertigen!
>
> **Regel 5:** Bestehen Sie auf Ihren Forderungen!

Regel 1: Machen Sie sich klar, welches Ihre Rechte sind und was Sie erreichen wollen!

Darüber, ob die drei Personen sich klargemacht haben, welches ihre Rechte sind und was sie erreichen wollen (Regel 1), können wir natürlich nur spekulieren. Immerhin könnte man aus dem Verhalten von Frau Mueller schließen, dass sie sich über ihre Rechte relativ wenig im Klaren war. Gleiches gilt für Frau Schultze.

Regel 2: Sprechen Sie Ihre Forderungen deutlich aus!

Eindeutig sind die Unterschiede zwischen den drei Personen bezüglich Regel 2. Während Frau Mueller und Herr Schmitt ihre Forderung zum Ausdruck bringen (Herr Schmitt sehr entschieden, Frau Mueller dagegen eher zögerlich, was wahrscheinlich damit zusammenhängt, dass sie sich vorher nicht richtig verdeutlicht hat, welches ihre Rechte sind), hat Frau Schultze Ihre Forderung nicht ausgesprochen. Jedenfalls nicht direkt. Sie hat eine Variante gewählt, die gar nicht einmal so selten im täglichen Umgang ist: Ironie oder gar Sarkasmus.

Regel 3: Eine berechtigte Forderung stellen ist kein Angriff! Das Ziel besteht nicht in der Verletzung des anderen

Wir können nicht einschätzen, ob Frau Schultze mit ihrer Bemerkung erhofft hat, dass sich der Friseur dadurch an seiner Ehre gepackt fühlt und von sich aus eine Nachbesserung vorschlägt, oder ob sie sich nicht getraut hat, ihre Unzufriedenheit direkt auszusprechen. Was aber sicher ist: Sie hat damit Regel 3 verletzt. So witzig Ironie und Sarkasmus auch sein mögen – und wer wünscht sich nicht, mal so richtig schlagfertig zu sein – es ist auch eine Verletzung des anderen. Nicht jede ironische oder sarkastische Bemerkung ist gleich ein Schlag in die Magengrube und nicht jede hinterlässt Blessuren. Das hängt ganz sicher vom Geschick des einen und von der „Felldicke" des anderen ab. Doch potentiell – und das sollte jedem, der gern ironisch ist, bewusst sein – können solche Bemerkungen verletzen. Wir haben auf S. 25 f schon darauf hingewiesen.

Auf der anderen Seite sind ironische Sticheleien auch nicht für jeden verständlich. Es gibt Leute mit einem sehr feinen Gespür dafür und solche, die Ironie gar nicht wahrnehmen und alles für bare Münze nehmen. Angenommen, der Friseur gehört zu den letzteren, dann könnte er durchaus meinen, seine Kundin sei über alle Maßen zufrieden. Er wird beim nächsten Mal wieder die gleiche Frisur zaubern, um sie wieder so glücklich zu machen. Frau Schultze hätte sich in diesem Fall irgendwie selbst reingelegt.

Auch Herr Schmitt verstößt gegen Regel 3. Warum ist er dem Verkäufer gegenüber so aggressiv? Er mag sich geärgert haben. Das wäre sehr verständlich. Aber muss er so forsch auftreten, um den Umtausch seines Fotoapparats zu erreichen? Vielleicht hat er von vornherein damit gerechnet, dass ihm der Verkäufer Schwierigkeiten machen könnte, und wollte darum möglicherweise gleich jede Diskussion unterbinden. Dabei hat er sich allerdings völlig unnötig erregt. Für ihn selbst ist ein solches Verhalten nur Energieverschwendung – der Verkäufer wird dieses Verhalten dagegen als einen Angriff gegen seine Person empfinden und könnte dadurch in Versuchung kommen, mit einem Gegenangriff zu antworten und den Umtausch erst einmal zu verweigern. Die Vorstellungen, die sich Personen darüber machen, wie der andere wohl reagieren würde, haben sehr großen Einfluss auf ihr eigenes Verhalten. Natürlich sind solche inneren Dialoge oder auch „Vorwegnahmen" dafür notwendig, dass Menschen in ihrer Umgebung zielorientiert und erfolgreich handeln können. Allerdings können solche Vorwegnahmen auch Blüten treiben.

BEISPIEL

Was denkt wohl der andere?

Ein Mann hat sich vorgenommen, heute endlich ein Regal in seiner Wohnung anzubringen. Als er anfangen will, merkt er, dass sein Hammer weg ist. Er kommt auf die Idee, bei seinem Nachbarn zu klingeln und ihn zu fragen, ob er sich einen Hammer von ihm borgen könne. Dann fällt ihm aber plötzlich ein, dass dieser Nachbar letzte Woche von ihm Salz borgen wollte, er aber keines im Hause hatte. Er gerät ins Grübeln:

„Der Nachbar hat vielleicht gedacht, dass ich ihm einfach kein Salz borgen wollte. Wenn ich jetzt zu ihm gehe, wird er sich daran erinnern und vielleicht zögern, mir den Hammer zu geben. Aber dann wird er sicher denken, dass ich mir denken kann, was er sich denkt. Wenn aber er denkt, was ich mir denke, dass er denkt, dann gibt er mir vielleicht den Hammer, um mich zu beschämen. Na, was bildet denn der sich ein. Ich muss mich doch von dem nicht beschämen lassen. Wer weiß, was der über mich erzählt! Dem werde ich es zeigen. Von so einem borge ich mir doch keinen Hammer!"

Unser Mann läutet bei seinem Nachbarn Sturm. Als dieser öffnet, schreit er ihn an: „Behalte doch deinen blöden Hammer für dich!"

© United Feature Syndicate, Inc./kipkakomiks.de

Abbildung 5. Vorstellungen, die sich Personen darüber machen, was andere wohl über sie denken, beeinflussen ihr Verhalten ...

Regel 4: Wenn Sie eine berechtigte Forderung stellen, müssen Sie sich weder dafür entschuldigen noch rechtfertigen!

Mit Regel 4 hatte Herr Schmitt, wie wir sahen, keine Probleme. Doch Frau Mueller strauchelt genau hier. Sie fühlt sich bemüßigt, sich vor dem Nachbarn zu erklären und zu entschuldigen. Es scheint ihr unangenehm, wenn nicht gar peinlich zu sein, ihn darauf hinzuweisen, dass nicht er ein Recht darauf hat, Sonntag Mittag Lärm zu machen, sondern dass sie ein Recht auf ungestörte Mittagsruhe hat. Doch der Nachbar zeigt sich nicht einsichtig. Frau Mueller ist hilflos.

Regel 5: Bestehen Sie auf Ihren Forderungen!

Frau Mueller weiß vielleicht nicht, dass sie nach Regel 5 auf ihrer Forderung ganz fest beharren muss. Sie lässt sich vom Nachbarn, der behauptet, er wolle die Kreissäge in wenigen Stunden verleihen, an die Wand diskutieren, gibt auf und geht unverrichteter Dinge wieder nach Hause. Wenn Sie Glück hat, ist der Nachbar mit der Arbeit bald fertig. Aber das ist keineswegs sicher.

Alles in allem können wir wohl von keiner dieser drei Personen ehrlichen Herzens sagen, sie habe die Situation „Recht durchsetzen" wirklich kompetent bewältigt. Frau Mueller und Frau Schultze haben ihr Ziel – eben ihr Recht durchzusetzen – nicht erreicht. Weder die zaghaften Versuche von Frau Mueller noch der Seitenhieb von Frau Schultze waren geeignet, die anderen Personen dazu zu bewegen, dass sie ihre legitimen Forderungen erfüllen. Selbst das forsche Auftreten von Herrn Schmitt war nicht wirklich kompetent. Er hat zwar vielleicht erreicht, was er wollte, allerdings in einer Art und Weise, die völlig unangemessen war. Wir kommen später darauf noch einmal zurück.

Vorerst wenden wir uns nur Frau Mueller zu. Wir sehen sie nach Hause laufen, sich wieder auf das Sofa legen und die Decke bis über die Ohren ziehen. Es gehört nicht besonders viel Phantasie dazu, sich vorzustellen, dass sie nicht nur des Ende des Lärms sehnsüchtig erwartet, sondern dass sie sich auch maßlos ärgert. Doch worüber? Die Frage danach, worauf jemand seinen Misserfolg oder Erfolg zurückführt, ist ganz wesentlich für sein künftiges Verhalten.

3.4 Sind immer nur die anderen schuld?

Frau Mueller kann ihren Misserfolg und ihren Ärger natürlich darauf zurückführen, dass der Nachbar so unverschämt gewesen sei oder dass er die besseren Argumente hatte. Demnach hätte der Nachbar die Schuld daran, dass Frau Mueller ihren lang ersehnten und verdienten Mittagsschlaf nicht halten kann. Das, was Frau

Mueller hier macht – die Schuld beim anderen suchen – ist eine Strategie, die bei vielen Menschen zu beobachten ist. Der autoritäre Chef, die Leute, die einem in der Diskussion ständig ins Wort fallen, der Beamte, der meine Beschwerde nicht entgegennehmen will, der Mann oder die Frau, der bzw. die nur an sich denkt, und das kleine Kind, das mir keine Sekunde Zeit lässt, weil es immer beschäftigt sein will – sie alle scheinen dafür verantwortlich, dass ich nicht zum Zuge komme, dass meine Forderungen nicht gehört werden, dass ich zwar Rechte habe, aber sie nicht durchsetzen kann. Die Lage, in der sich Menschen mit solchen Überzeugungen befinden, ähnelt einer Ohnmacht. Solche Ohnmachtsgefühle sind zumeist die Folge einer „externalen Kontrollüberzeugung bei Misserfolg" (siehe den folgenden Exkurs). Das heißt, ich kann scheinbar überhaupt nichts machen, wenn die anderen nicht rücksichtsvoll sind, und ich kann nichts ändern, weil sie eben rücksichtslos sind. Dass ich mich dabei so mies fühle, ist darum ganz allein deren Schuld.

EXKURS

Internale und externale Kontrollüberzeugungen

In der Psychologie gilt die Art und Weise, wie sich eine Person die Erfolge oder Misserfolge ihrer Handlungen erklärt, als wichtiges Persönlichkeitsmerkmal bzw. als wichtige Eigenschaft. Diese Eigenschaft – man bezeichnet sie als „Kontrollüberzeugung" – hat Einfluss auf viele Bereiche des Erlebens und Verhaltens von Personen. Die zwei Pole, zwischen denen sich der Grad der „Kontrollüberzeugung" bewegt, werden als „internal" und „external" bezeichnet.

Externale Kontrollüberzeugung. Externale Kontrollüberzeugung bedeutet, dass die Person die Ursachen für den Erfolg oder Misserfolg ihrer Handlungen überwiegend auf äußere Umstände zurückführt. Hat zum Beispiel ein Student mit externaler Kontrollüberzeugung in einer Prüfung versagt, dann könnte er dieses Versagen darauf zurückführen, dass der Prüfer gemeine Fragen gestellt hat oder dass er Pech gehabt hat. Im Erfolgsfall könnte er das mit Glück oder auch damit erklären, dass die Prüfung besonders leicht war.

Internale Kontrollüberzeugung. Im Vergleich dazu meint „internale Kontrollüberzeugung", dass eine Person die Ursachen für Erfolg und Misserfolg bei sich selbst sieht. Ein internal kontrollüberzeugter Student würde bei einer guten Prüfung sagen, er habe eben gut gelernt oder er sei besonders begabt. Hätte er die Prüfung nicht bestanden, dann würde das seiner Meinung nach daran liegen, dass er sich nicht ausreichend vorbereitet hätte oder ihm die Begabung fehle.

Stabile und variable Ursachenerklärung. Des Weiteren kann man solche Erklärungen noch danach unterscheiden, ob die Ursache stabil oder variabel ist. In dem obigen Beispiel wären die Begabung und die Strenge des Prüfers stabile Ursachen, Glück/Pech und mangelnde/gute Vorbereitung wären dagegen variable Ursachen. Im folgenden Schema sind die vier möglichen Ursachenerklärungen für das Beispiel der nicht bestandenen Prüfung dargestellt.

	stabil	variabel
external	„Der Prüfer war zu streng."	„Ich habe Pech gehabt."
internal	„Ich bin nicht begabt genug."	„Ich war nicht gut genug vorbereitet."

Konsequenzen der Ursachenerklärungen. Diese Kategorisierung macht natürlich nur dann einen Sinn, wenn sich daraus irgendwelche Konsequenzen ergeben. Diese Konsequenzen sind in der

Tat ganz beträchtlich. Sucht man die Ursachen für einen Misserfolg vor allem in den äußeren Umständen (externale Kontrollüberzeugung), dann wird man sich wahrscheinlich ziemlich hilflos fühlen, man kann nicht viel machen, man ist von den äußeren Umständen abhängig. Sehe ich die Ursachen für den Misserfolg dagegen bei mir selbst, dann macht es einen großen Unterschied, ob ich den Misserfolg auf meine mangelnde Begabung (stabil) oder auf meine unzureichende Vorbereitung (variabel) zurückführe. Nur im zweiten Fall kann ich etwas verändern (mich für die nächste Prüfung besser vorbereiten). Nur dann, wenn ich Misserfolge auf meine unzureichende Vorbereitung zurückführe, kann ich daraus etwas lernen. Alle anderen Erklärungsmuster sind eher destruktiv.

Deshalb:

Haben Sie einen Misserfolg zu verarbeiten, hadern Sie nicht mit dem Schicksal, sondern überlegen Sie sich, was Sie beim nächsten Mal besser machen könnten!

Die Ursachen für Erfolg und Misserfolg liegen meistens bei uns selbst

Nehmen wir einen anderen Fall an, nämlich dass jemand nicht „externale", sondern „internale" Kontrollüberzeugungen hat. Prinzipiell hat er, wie wir oben beschrieben haben, eine weitaus bessere Ausgangsposition, weil er sich nicht so hilflos ausgeliefert fühlen dürfte – zumindest dann, wenn er ein negatives Ergebnis auf seine mangelnde Anstrengung/ungenügende Vorbereitung zurückführt, den Misserfolg also „internal variabel" erklärt. Geht etwas schief, dann wird er fragen, was er falsch gemacht hat und was er möglicherweise beim nächsten Mal anders machen könnte.

Nun ist zwar ein solches Herangehen die beste Voraussetzung dafür, sein eigenes Verhalten zu ändern. Aber was mindestens ebenso wichtig ist, ist ein gesundes Maß an Selbstbewusstsein.

Allerdings hängt dieses Selbstbewusstsein zu einem großen Teil wiederum davon ab, wie wir uns in der Vergangenheit unsere Erfolge und Misserfolge erklärt haben.

> **!** Haben wir unsere Erfolge immer nur mit Glück oder den gerade besonders günstigen Umständen erklärt, die Misserfolge dagegen mit unserer mangelnden Begabung („Ich bin einfach zu blöd"), so haben wir uns selbst kaum eine Chance gegeben, ein gesundes Selbstbewusstsein zu entwickeln.

Der Glaube an die eigene Unfähigkeit lähmt den Umgang mit anderen Menschen

Viele machen sich das Leben zusätzlich noch dadurch schwer, dass sie die Messlatte, wann etwas als Erfolg zu werten ist, so hoch ansetzen, dass sie sie gar nicht erreichen können. Wenn ich an mich selbst z.B. den Anspruch habe, dass ich in allem, was ich tue, perfekt sein muss – ja dann kann ich eigentlich nur in einem fort versagen. Mein Leben wird dann aus einer langen Kette von Misserfolgen bestehen, und mein Selbstbewusstsein, wenn es denn einmal vorhanden war, wird verkümmern.

Wenn Frau Mueller zum Beispiel für sich selbst überprüft, was der Grund dafür ist, dass sie nun nicht schlafen kann, während ihr Nachbar weiter Lärm macht, wird sie wahrscheinlich darauf kommen, dass sie zu unsicher aufgetreten ist. Diese Unsicherheit wird sie mit ihrem mangelnden Selbstbewusstsein erklären. Diese Erklärung, diese Zurückführung auf ihre (unveränderbare) Unfähigkeit hat Folgen. Sie lähmt sie im Umgang mit anderen Menschen, weil sie wie eine Brille mit konvexen Linsen wirkt: Schaut man durch diese Gläser in die Welt, verzerren sich die Dimensionen. Eine Mücke scheint plötzlich groß wie ein Elefant. Das macht Angst. Das eigene Verhalten drückt diese Angst aus: Frau Mueller ist zögerlich, abwartend, undeutlich in dem, was sie will, und unentschlossen.

Welchen Eindruck macht das auf den anderen, auf den, der ihrer berechtigten Forderung nicht ohne Weiteres nachkommen möchte? Natürlich bekommt er mit, was mit Frau Mueller los ist. Das bestärkt ihn lediglich darin, es einfach auf ein Kräftemessen ankommen zu lassen. Die Chancen für ihn, dabei zu gewinnen, werden von ihm als groß eingeschätzt. Und was hat er schon zu verlieren? Er eigentlich nichts, Frau Mueller hingegen viel. Dabei geht es nicht nur um die Ruhe, auf die sie ein Recht hat, es geht um viel mehr. Wenn sie hier aufgibt, wenn sie sich mit ihrer Forderung kein Gehör verschaffen kann, dann wächst das Konto ihrer Misserfolge.

> **!** Jeder fehlgeschlagene Versuch, sich durchzusetzen, führt immer dann, wenn man ihn mit der eigenen Unfähigkeit erklärt, zu einer größeren Unsicherheit, und die Angst, auch beim nächsten Mal wieder zu „versagen", wächst.

Durchbrechen Sie den Teufelskreis!

Es ist der typische Teufelskreis, der sich anfangs unbemerkt schließen kann, von Mal zu Mal aber deutlicher wird und beträchtliche Folgen haben kann.

Ein solcher Teufelskreis ist nichts, mit dem man sich abfinden müsste. Es ist nicht leicht, ihn zu durchbrechen. Aber es ist möglich. Beginnen sollten Sie bei Ihren Kognitionen. Überlegen Sie einmal, was Sie heute alles positiv bewältigt haben. Welche Dinge sind gut gelaufen? Selbst bei einem Misserfolg lassen sich Aspekte finden, die positiv waren, und bei den Aspekten, die aus Ihrer Sicht schlecht waren, sollten Sie sich überlegen, was Sie beim nächsten Mal besser machen könnten.

Ihr Selbstbewusstsein wird umso schneller wachsen, je mehr Sie bereit sind, Ihre Fortschritte (auch die relativen Fortschritte) bewusst zu registrieren.

3.5 Selbstsicher handeln in der Situation „Recht durchsetzen"

Wo kann jemand, der zumeist unsicher, oder auch jemand, der aggressiv reagiert, ansetzen, wenn er sein Verhalten ändern möchte? Die günstigste Stelle dafür liegt im gesamten Prozess des Verhaltens in einer bestimmten Situation noch „vor" dem eigentlichen Verhalten.

 Die eigentlichen Veränderungen setzen „vor" dem Verhalten ein.

Erinnern Sie sich an das Modell, das wir Ihnen in Kapitel 2 vorgestellt haben? Anhand dieses Modells haben wir gezeigt, dass zwischen einer Situation und einer Reaktion zwei wichtige Prozesse in unserem Inneren ablaufen. Wir haben diese Prozesse mit den Begriffen „Kognition" und „Emotion" bezeichnet. Die Kognition, so haben wir weiter gezeigt, ist sowohl für die Bewertung der Situation als auch für unsere Gefühle in dieser Situation von entscheidender Bedeutung. Im Wesentlichen bestimmt sie, wie wir uns letztlich verhalten.

 Jedes äußerlich sichtbare Verhalten, ja selbst bestimmte körperliche Erscheinungen wie Körperhaltung und Gesichtsausdruck sind Ausdruck innerer, „unsichtbarer" Zustände und Vorgänge.

Da für das Verhalten, das wir zeigen, die intern ablaufenden Selbstverbalisationen – das, was ich zu mir selbst sage – entscheidend sind, ist gerade diese Stelle am besten geeignet, langfristig erfolgreiche Veränderungen einzuführen.

Wer sich sicher fühlt, tritt auch sicher auf

Nehmen wir zum Beispiel an, Sie wollen eine mangelhafte Ware reklamieren. Sie gehen in das Geschäft, in dem Sie diese Ware gekauft haben, und tragen Ihr Anliegen vor. Der Verkäufer antwortet Ihnen, dass die Ware weder repariert noch umgetauscht werden könne, denn den Mangel hätten wohl Sie selbst verschuldet. Ihr Verhalten wird jetzt maßgeblich davon abhängen, wie Sie selbst diese Situation bewerten und welches Gefühl sie dadurch bei sich hervorrufen. Wenn Sie sich bewusst sind, dass es Ihr legitimes Recht ist, das Gerät zu reklamieren, werden Sie vielleicht höchstens über die Unverfrorenheit des Verkäufers verärgert sein, sich aber doch in ihrem Anspruch nicht verunsichern lassen. Wenn Sie zu sich selbst sagen: „Es ist mein gutes Recht, diese Ware umgetauscht zu bekommen!", werden Sie sich sicher fühlen, dementsprechend auftreten und nachdrücklich auf Ihrer Forderung beharren, indem Sie zum Beispiel antworten: „Ich bestehe darauf, dass Sie die Ware zurücknehmen."

Ganz anders wird Ihre Reaktion jedoch sein, wenn Sie zu sich sagen: „Ich muss den Verkäufer jetzt irgendwie verärgert haben. Er kennt sich sicher mit der rechtlichen Lage besser aus als ich." Diese kognitive Bewertung der Situation führt zu einem Gefühl der Verunsicherung, vielleicht sogar zu einem Schuldgefühl: „Jetzt habe ich Schuld daran, dass er sich über mich ärgert, ich mache ihm nur noch mehr Arbeit, wo er doch schon ohne mich so viel zu tun hat." Natürlich nehmen Sie diese Gefühle wahr und verstärken damit Ihre kognitive Bewertung, indem Sie dann vielleicht denken: „Hätte ich mich doch vorher besser informiert, ob ich das Gerät wirklich reklamieren kann. Vielleicht habe ich ja wirklich etwas falsch gemacht. Dann bin ich wohl schuld, dass es jetzt nicht mehr funktioniert. Was wird er nur über mich denken?" Nach einem solchen inneren Monolog werden Sie schwerlich noch in der Lage sein, auf Ihrer Forderung zu beharren. Ihre Reaktion wird sehr wahrscheinlich unsicher und umständlich wirken, wenn Sie nun beispielsweise versuchen, sich so zu erklären: „Aber ich glaube eigentlich nicht, dass ich bei dem Gerät irgendetwas falsch gemacht habe. Ich will Ihnen ja keine Umstände machen, aber es war wirklich kaputt, als ich es zu Hause ausprobiert habe. Und ein neues kann ich mir nicht kaufen, weil es doch so teuer ist." Damit haben Sie schon verloren. Der Verkäufer wird wahrscheinlich kein Mitleid mit Ihnen haben.

> **!** Sie sehen also, dass der Erfolg einer Handlung ganz entscheidend von Ihnen selbst, nämlich von Ihren kognitiven Bewertungen und den dadurch ausgelösten Emotionen abhängt.

Wichtig ist, ob Sie sich innerlich Mut zusprechen und sich selbst versichern, dass Sie diesen Anspruch haben (wir sprechen in diesem Fall von „positiver Selbstverbalisation"), oder ob Sie schon von Anfang an innerlich verzagen (wir nennen diesen Fall „negative Selbstverbalisation").

UND JETZT SIE:

Übung zur Selbstverbalisation

Verdeutlichen Sie sich selbst, welchen großen Unterschied eine positive und eine negative Selbstverbalisation für das Verhalten ausmacht. Stellen Sie sich eine Situation vor, am besten eine, die Sie kürzlich selbst erlebt haben und in der Sie sehr unsicher waren. Sie können sich aber natürlich auch irgendeine Situation ausdenken. Sollte Ihnen keine einfallen, dann nehmen Sie folgendes Beispiel:

Ihr Chef hat Ihnen für Januar eine Gehaltserhöhung zugesichert, es ist aber bereits März, und Sie beziehen noch immer Ihren alten Lohn. Sie sind jetzt auf dem Weg zu Ihrem Chef, um die Erhöhung einzufordern.

Sie sehen auf Seite 82 ein Schema, das Ihnen bereits aus Kapitel 2 bekannt ist. Dort wurde Ihnen erklärt, in welcher Weise

Kognition und Emotion mit der äußeren Situation und Ihrem Verhalten in dieser Situation zusammenhängen. Hier sind die einzelnen Kästchen des Schemas noch leer. Versuchen Sie nun, diese leeren Kästchen zu füllen. Benutzen Sie dazu entweder ein eigenes Erlebnis oder das Beispiel mit der Gehaltserhöhung.

Haben Sie sich für eine Situation entschieden? Dann tragen Sie in das oberste Kästchen des Schemas in knappen Worten ein, um was es dabei geht.

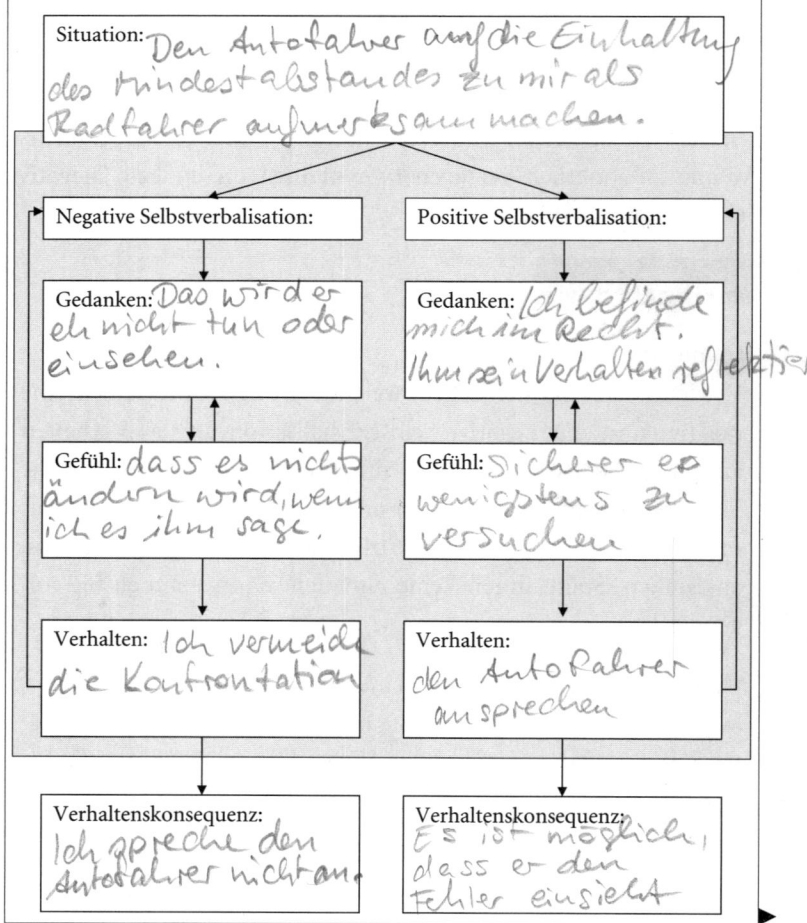

Situation: Den Autofahrer auf die Einhaltung des Mindestabstandes zu mir als Radfahrer aufmerksam machen.

Negative Selbstverbalisation:

Gedanken: Das wird er eh nicht tun oder einsehen.

Gefühl: dass es nicht ändern wird, wenn ich es ihm sage.

Verhalten: Ich vermeide die Konfrontation

Positive Selbstverbalisation:

Gedanken: Ich befinde mich im Recht. Ihm sein Verhalten reflektion

Gefühl: Sicherer es wenigstens zu versuchen

Verhalten: den Autofahrer ansprechen

Verhaltenskonsequenz: Ich spreche den Autofahrer nicht an.

Verhaltenskonsequenz: Es ist möglich, dass er den Fehler einsieht

Negative Selbstverbalisation und ihre Folgen. Füllen Sie anschließend zuerst die Kästchen auf der linken Seite dieses Schemas nacheinander aus. Beginnen Sie damit, eine negative Selbstverbalisation zu formulieren. Überlegen Sie sich dazu, welche negativen Gedanken in dieser Situation auftreten können und dann, welches Gefühl durch eine solche negative Selbstverbalisation ausgelöst wird. Tragen Sie das Gefühl mit möglichst nur einem Wort ein. Fragen Sie dann danach, welches Verhalten aus diesen Überlegungen und Gefühlen resultieren könnte. Wie würde sich also eine Person in dieser Situation mit entsprechenden Gedanken und Gefühlen verhalten?

Wenn Sie die linke Seite des Schemas in dieser Reihenfolge ausgefüllt haben, dann verdeutlichen Sie sich nun noch einmal, wie eng negative Selbstverbalisation und Gefühl miteinander verbunden sind und sich wechselseitig beeinflussen. Achten Sie auch auf den Pfeil, der vom Verhalten auf die Selbstverbalisation zurückführt. Überlegen Sie sich, was bei diesem Prozess passieren kann.

Positive Selbstverbalisation und ihre Folgen. Füllen Sie nun die rechte Seite Schritt für Schritt in der gleichen Reihenfolge aus. Stellen Sie sich also vor, welche Folgen in der gleichen Situation eine positive Selbstverbalisation haben kann. Achten Sie auch hier auf den Pfeil, der vom Verhalten auf die Selbstverbalisation weist. Vergleichen Sie zum Schluss die Verhaltensweisen in der linken und in der rechten Spalte.

Der Kreislauf der Angst

Wenn Sie den rechten und den linken Zweig dieses Schemas vergleichen, werden Sie deutlich sehen, wie die von Ihnen formulierte Selbstverbalisation das Verhalten beeinflusst. An den Pfeilen zwischen den jeweiligen Kästchen sehen Sie, dass es zwischen den einzelnen Stufen dieses Prozesses verschiedene Rückkoppelungen („Feedback") gibt.

So kann zum Beispiel eine negative Selbstverbalisation das Gefühl der Angst wecken. Dieses Gefühl geht mit verschiedenen körperlichen Symptomen einher. Sie spüren zum Beispiel Herzklopfen, Sie bekommen feuchte Hände, einen trockenen Mund und vieles mehr. Diese Symptome nehmen Sie selbst wahr und bewerten sie. Das führt zu neuen negativen Selbstverbalisationen („Ich merke, dass ich Angst habe"). Dadurch wird die Angst noch größer. Auf diese Weise kann ein Teufelskreis in Gang gesetzt werden, in dem sich Ihre Unsicherheit zwangsläufig hochschaukelt und vielleicht sogar panikartige Attacken herbeiführt. Sie handeln dann noch unsicherer und nehmen auch das wahr. Wieder werden Sie eine negative Selbstverbalisation durchführen, und so schließt sich auch hier der Kreis.

Der Kreislauf der Selbstbestätigung

Genau die gleichen Prozesse laufen aber auch ab, wenn Sie von vornherein mit einer positiven Selbstverbalisation arbeiten. Nehmen wir an, Sie sagen beispielsweise zu sich selbst: „Es ist mein gutes Recht, auf der zugesagten Gehaltserhöhung zu bestehen!" Mit diesen Worten im Kopf werden Sie sehr wahrscheinlich ein Gefühl der Sicherheit bei sich wahrnehmen. Ein sicheres, selbstbewusstes Gefühl lässt Sie sicherer handeln, und wenn Sie sich selbstbewusst agieren sehen, werden Sie spüren, dass Sie sich zunehmend besser und freier fühlen. Sie können sich also selbst positiv verstärken, so wie Sie im anderen Falle Ihrer eigenen negativen Selbstverbalisation ausgeliefert zu sein schienen.

Natürlich macht eine positive Selbstverbalisation nicht irgendwie von selbst, dass sie völlig ruhig und entspannt in eine solche Situation gehen. Möglicherweise sind Sie trotzdem etwas aufgeregt. Sie spüren vielleicht auch jetzt, dass Ihr Herz schneller schlägt, dass Sie ein etwas flaues Gefühl im Magen haben usw. Selbst wenn die Symptome ähnlich sind wie beim Gegenbeispiel der negativen Selbstverbalisation, werden Sie sie diesmal nicht als Angst, sondern höchstens als Aufregung bezeichnen. Damit können Sie sicher sehr viel besser leben. Denn Aufregung macht – wenn sie im normalen Maß bleibt – nicht handlungsunfähig. Sie hat vielmehr den positiven Effekt, den Menschen zu aktivieren, ihn aufmerksamer und leistungsfähiger zu machen.

> **!** Machen Sie sich diese Prozesse und Kreisläufe immer wieder deutlich! Üben Sie sich darin, Ihre Selbstverbalisation, Ihre Gefühle und Ihr Verhalten in den verschiedensten Situationen zu erkennen!

Zwei Trainingsschritte zur Selbstsicherheit

Wenn Sie diese Ratschläge befolgen wollen, dann schlagen wir Ihnen vor, in zwei Schritten zu üben. Natürlich ist die Stufe, auf der Sie beginnen, davon abhängig, wie selbstsicher Sie bis jetzt waren und wie Sie bislang solche Situationen bewältigt haben.

Am Anfang bietet es sich an, sich verschiedene Situationen vorzustellen oder auszudenken und danach zu fragen, was bei einer negativen Selbstverbalisation geschehen würde und was bei einer positiven. Gehen Sie dann dazu über, vor dem Einschlafen Ihren Tag zu überdenken und sich noch einmal die Situationen zu vergegenwärtigen, in denen Sie sich am Tage selbstunsicher verhalten haben. Überlegen Sie sich dann, was Ihnen in dieser Situation alles durch den Kopf gegangen ist, und versuchen Sie, sich für das nächste Mal eine positive Selbstverbalisation zu überlegen.

Überlegen Sie zukünftig schon vor möglicherweise eintretenden kritischen Situationen, was Sie zu sich sagen könnten, um sich positiv zu stimmen. Überprüfen Sie am besten gleich danach oder am Abend des gleichen Tages, wie Sie sich damit gefühlt und wie Sie sich verhalten haben. Loben Sie sich für jeden Versuch, selbstsicher aufzutreten!

Selbstsicheres Verhalten beginnt im Kopf!

Alle Überlegungen zu den Merkmalen und Voraussetzungen selbstsicheren Verhaltens lassen sich nun als Instruktionen formulieren. Mit Hilfe solcher Instruktionen wird es Ihnen möglich sein, sich in den entscheidenden Momenten an die wichtigsten Dinge zu erinnern. Denken Sie immer daran, dass selbstsicheres Verhalten schon „vor" dem sichtbaren Verhalten beginnt – praktisch im Kopf. Alle weiteren Schritte bauen auf diesen inneren Prozessen auf. Vergessen Sie niemals, sich nach der Situation für das, was Sie gut bewältigt haben, zu belohnen!

Im folgenden Kasten finden Sie die Instruktionen für selbstsicheres Verhalten, an denen Sie sich orientieren können, wenn Sie Ihre legitimen Rechte durchsetzen und wahren wollen.

Instruktionen für selbstsicheres Verhalten in Situationen vom Typ „Recht durchsetzen"

Bsp: Ruhestörung id. Nacht

Vor der Situation:
▶ Geben Sie sich selbst positive Instruktionen (z.B. „Ich werde es schaffen", „Das ist mein gutes Recht").

In der Situation: *∅ Bitten.*
▶ Reden Sie laut und deutlich, aber schreien Sie nicht.
▶ Schauen Sie Ihrem Partner in die Augen (Blickkontakt).
▶ Nehmen Sie eine entspannte Körperhaltung ein.
▶ Äußern Sie Ihre Forderungen, Wünsche und Gefühle in der Ich-Form.
▶ Sagen Sie zuerst, was Sie wollen, dann: warum. */Rechtfertigung?*
▶ Entschuldigen Sie sich nicht, wenn Sie berechtigte Forderungen stellen.

Ihr Ziel ist nicht, den anderen fertig zu machen, sondern nur, Ihr Recht in Anspruch zu nehmen!
Deshalb:
▶ Werden Sie nicht aggressiv, sondern bleiben Sie ruhig und bestimmt im Auftreten. Das bringt Sie weiter.

• wollen oder möchten?

• auch für Andere sprechen?
• auf Konsequenzen hinweisen/drohen?

▶ Werten Sie Ihren Partner nicht durch polemische und globale Wertungen ab („Du bist immer...", „Du hast mal wieder...").

▶ Äußern Sie ruhig auch einmal Verständnis für die Position des anderen.

Nach der Situation:

▶ Verstärken Sie sich für Ihre Fortschritte. Erkennen Sie Ihre eigenen Bemühungen an und beachten Sie jeden kleinen Fortschritt, den Sie erzielen. Jeder Lernprozess benötigt Zeit und Übung!

▶ Man kann nur schnell und gründlich lernen, wenn man seine Aufmerksamkeit auf positive Fortschritte richtet, das heißt: stolz und zufrieden sein, wenn man ein kleines Stück weitergekommen ist!

▶ Vergleichen Sie sich nicht mit dem Ideal, das Ihnen vielleicht vor Augen steht, sondern beachten Sie den relativen Fortschritt!

▶ Vermeiden Sie Selbstkritik, Selbsthass und Ungeduld mit sich selbst! Mit Schuldgefühlen und Selbstbestrafung wurde noch nie viel erreicht, aber sehr oft mancher positive Ansatz zur Selbstentfaltung unterdrückt, da er unmenschlichen Leistungsforderungen nicht genügte.

Instruktionen anpassen – Beispiel: Redetraining für Frauen

Diese Instruktionen für selbstsicheres Verhalten haben sich seit vielen Jahren nicht nur im psychotherapeutischen Bereich, sondern in den verschiedensten psychologischen Trainings bewährt. Sie lassen sich für beliebige Anforderungen konkretisieren und von jedem anwenden.

Breite Anwendung finden solche angepassten Instruktionen bei Selbstsicherheitstrainings für Frauen. Ihnen fällt es erfahrungsgemäß schwerer als Männern, Forderungen zu äußern und Rechte durchzusetzen. Sie haben zumeist schon als kleine Mädchen erfahren, dass von ihnen eher erwartet wird, sich zurückzunehmen, „bescheiden" zu sein, nachzugeben und zu besänftigen. Bei Diskussionen in gemischtgeschlechtlichen Gruppen ziehen Frauen durch ihre gelernte Selbstbeschränkung häufig „den Kürzeren": Sie reden weniger, übernehmen seltener die Leitung, bestimmen seltener das Thema usw. Frauen haben in diesen Situationen oft den Eindruck, nicht zu Wort zu kommen, übergangen oder unterbrochen zu werden. In Redetrainings für Frauen wird darum besonders geübt, das Recht zu reden durchzusetzen, also sich Gehör zu verschaffen.

BEISPIEL

Sie haben eine PR-Sitzung. Sie haben an einem Seminar zur Vorbereitung der PR-Wahlen teilgenommen und sollen nun berichten. Kollege X fällt Ihnen ins Wort: „Das kennen wir doch schon alles von der letzten Wahl!"

In einer solchen Situation können Sie nach folgender Instruktion handeln:

▶ Wenn Sie unterbrochen werden, dann übergehen Sie zunächst den Einwand und reden Sie einfach weiter. Lassen Sie also den Kollegen nicht ausreden!

▶ Wenn Kollege X hartnäckig ist, bestehen Sie freundlich, aber entschieden darauf, dass Sie um den Bericht gebeten worden seien und ihn nun auch halten möchten. Weisen Sie X darauf hin, dass er ja hätte beantragen können, dass der Punkt von der Tagesordnung genommen wird.

▶ Wenn Sie sich über die Unterbrechung ärgern, sage Sie dies.

Wenn Sie übergangen oder unterbrochen werden,

▶ sagen Sie am besten laut und deutlich, was Sie möchten.

▶ probieren Sie mehrmals, Ihr Anliegen vorzutragen, wenn es beim ersten Anlauf nicht klappt.

▶ reden Sie kurz.

▶ schauen Sie Ihr Gegenüber an.

▶ bleiben Sie freundlich.

▶ vermeiden Sie Diskussionen über den Inhalt dessen, was Sie sagen.

- ▶ machen Sie keine Vorwürfe.
- ▶ sagen Sie auch, wie Sie die Situation empfinden.

Sie sehen, dass sich diese Instruktionen von den allgemeinen Instruktionen im Merkkasten auf S. 86 f nicht wesentlich unterscheiden, sie sind lediglich auf eine bestimmte Situation, eine bestimmte Aufgabenstellung und auf bestimmte Personen abgestimmt. Sie können sich an diesem Beispiel orientieren, wenn Sie sich selbst Instruktionen „maßschneidern" wollen, um selbst allein oder in einer kleineren Gruppe selbstsicheres Verhalten in der einen oder anderen Situation zu üben.

EXKURS

Reden und Leiten – Kommunikation und Gruppenführung

Die sozialpsychologische Kleingruppenforschung hat bereits in den 50er und 60er Jahren auf die interessante Beziehung zwischen Kommunikation und Gruppenstrukturierung aufmerksam gemacht. Wenn Menschen, die sich zuvor nicht kannten, zusammentreffen und sich zu einer Gruppe zusammenschließen, ohne dass dieser Gruppe bereits von vornherein bestimmte Strukturen und den Einzelnen bestimmte Rollen bzw. Funktionen vorgegeben sind, dann durchläuft diese neu formierte Gruppe normalerweise vier Phasen (Tuckman, 1965):

(1) Formierungsphase: Die Mitglieder machen sich miteinander bekannt und erhalten Einblick in die Aufgabe, die gemeinsam zu lösen ist.

(2) Sturmphase: Konflikte und individuelle Differenzen werden offenbar und der Kampf um Status und Rollen beginnt.

(3) Normierungsphase: Diese Konflikte werden dann dadurch gelöst, dass man sich allseits akzeptierte Gruppennormen, Einstellungen und Rollendefinitionen schafft.

(4) Phase des Funktionierens: Ein stabiles Muster persönlicher Beziehungen und aufgabenorientierter Funktionen hat sich etabliert.

Hohe Redeanteile – hoher Gruppenstatus. Die Weichen dafür, wer als Führungsperson von der Gruppe angesehen und akzeptiert wird, werden bereits in der ersten Phase gestellt. Von einer Führungsperson wird nämlich erwartet, dass sie sich besonders engagiert, also häufig in positiver Weise in das Interaktionsgeschehen der Gruppe eingreift. Besonders in den Anfangsphasen der Gruppenbildung wird der Redeanteil der einzelnen Person als Zeichen für ein solches Engagement gesehen. Das heißt, derjenige, der viel redet, wird von den Gruppenmitgliedern als ihre Führungsperson bezeichnet.

In einem Experiment von Bavelas, Hastorf, Gross und Kitegelang aus dem Jahr 1965 gelang es erstmals, die Gruppenstrukturen durch die Anwendung lernpsychologischer Prinzipien – Verstärkung und Bestrafung – zu verändern. Die Teilnehmer an diesem Experiment sollten in kleinen Gruppen zu je vier Personen ein vorgegebenes Problem besprechen. Während sie dies taten, wurden die Redeanteile der einzelnen Gruppenmitglieder gemessen. In der anschließenden Phase erhielten die Teilnehmer mittels einer grünen und einer roten Lampe vom Versuchsleiter fortlaufend Rückmeldungen darüber, inwiefern ihr Diskussionsbeitrag zielführend oder hinderlich für die Erarbeitung eines guten Lösungsvorschlags waren. Diese Informationen wurden jedoch vom Versuchsleiter so manipuliert, dass Teilnehmer mit einem zuvor sehr niedrigen Redeanteil häufig positive Rückmeldungen erhielten, während die anderen meist negative Rückmeldungen erhielten – außer, sie äußerten sich zu einem Redebeitrag eines bislang schweigsamen Teilnehmers zustimmend. Das Ergebnis dieses kleinen Experimentes war sehr eindrucksvoll: Zum einen änderte sich das Kommunikationsverhalten der im ersten Teil sehr stillen Teilnehmer drastisch. Ihre Sprechzeit verdoppelte sich. Im Zusammenhang damit änderte sich auch ihr Status in der Gruppe. Während sie am Anfang den geringsten Status in der Gruppe hatten, waren sie nach der zweiten Diskussion (mit den Verstärkungen durch den Versuchsleiter) auf die obersten Rangplätze vorgerückt.

Wenige, aber gute Redeanteile – niedrigster Gruppenstatus. Ein etwas nachdenklich stimmendes Ergebnis brachten Untersuchungen, die nicht nur die Quantität der Redebeiträge, sondern auch deren Qualität betrachteten (Regula & Julian, 1973; Sorrentino & Boutillier, 1975). Hier zeigte sich nämlich, dass für den Gruppenstatus die Menge der Diskussionsbeiträge entscheidender ist als die Güte dessen, was gesprochen wurde. Wer viel redet, wird für kompetent und fähig gehalten, eine Führungsposition zu erfüllen. Was er redet, ist dabei eher unwichtig. Mitunter kann es sogar von Nachteil sein, besonders intelligente Beiträge zu liefern. Hinsichtlich ihrer Führungseignung wurden gerade die Personen, die zwar wenige, aber – wenn dann ausgesprochen – zielführende Anteile an der Diskussion hatten, am schlechtesten eingeschätzt. Die besten Beurteilungen erhielten diejenigen, die viele und gute Beiträge hatten, knapp gefolgt von den „substanzarmen Vielrednern". Eine Erklärung für dieses Phänomen bieten attributionspsychologische Ansätze. Aus der Quantität der Sprechbeiträge ziehen die Mitglieder Schlüsse auf die Motivation, aus der Qualität dagegen Schlüsse auf die Fähigkeit des Redners. Für Gruppenmitglieder scheint die Motivation eines (potentiellen) Gruppenführers wichtiger als dessen Fähigkeit. Und die stärkste Ablehnung erfährt jemand, der zwar fähig ist, aber an der Gruppe nicht interessiert zu sein scheint.

Redegehemmte doppelt gehandicapt. Menschen, die sich in Gruppensituationen gehemmt fühlen, die sich nicht zu sprechen trauen, wenn sie nicht ganz sicher sind, dass ihr Beitrag besonders gut und nützlich ist, sind daher doppelt gehandicapt. Sie erhalten aufgrund der geringen Redeanteile einen niedrigeren

Status in der Gruppe und werden für die gute Qualität dieser wenigen Beiträge als uninteressiert abgewertet.

Die Ergebnisse der vorgestellten Studien können allerdings auch Mut machen: Der eigene Status in der Gruppe ist nicht ein für allemal festgeschrieben, sondern lässt sich ändern. Am Wichtigsten dafür ist, die Hemmung vor dem Sprechen abzulegen bzw. sich eine Redezeit zu sichern. Das damit gezeigte Engagement und Interesse für die Gruppe wird durch den Status in der Gruppe honoriert.

Sie haben bis jetzt bereits zwei ganz wesentliche Dinge geübt: Sie haben sich darin geübt, zwischen aggressivem, selbstsicherem und unsicherem Verhalten zu unterscheiden. Sie haben außerdem geübt, die Prozesse, die bei positiver und negativer Selbstverbalisation ablaufen, zu erkennen und deren Wirkung auf das Verhalten abzuschätzen. Die Fähigkeiten, die Sie sich damit angeeignet haben, werden Ihnen ermöglichen, sich in Situationen, in denen Sie eine Forderung oder ein Recht durchsetzen wollen, besser zurechtzufinden.

! Denken Sie immer daran, dass eine Situation vom Typ „Recht durchsetzen" eine sachliche Angelegenheit ist. Ihr Ziel ist es, Ihre legitimen Interessen zu vertreten. Der Erfolg Ihres Verhaltens hängt in großem Maße von Ihnen selbst ab.

Darum ist es wichtig, selbstsicher, aber nicht aggressiv aufzutreten. Denn Erfolg bedeutet nicht, immer und auf Biegen und Brechen zu bekommen, was man möchte oder was einem zusteht. Er misst sich vielmehr daran, ob wir in der Lage sind, zufriedenstellende Beziehungen zu unseren Mitmenschen zu haben. Und dafür ist es wichtig, dass der andere bemerkt, wir sind sicher, wir wissen, was wir wollen, wir sind aber auch in der Lage, genau zu unterscheiden zwischen sachlichen Forderungen und persönlichen Beziehungen.

Einem Freund keine Bitte abzuschlagen, weil er ein Freund ist, weil man vielleicht sogar befürchtet, die Freundschaft könne darunter leiden, zeugt genauso von Selbstunsicherheit und ungeeignetem Verhalten, wie eine berechtigte Forderung aggressiv oder sarkastisch durchzudrücken. Auf beides können Sie getrost verzichten.

Der Sprung ins Wasser

Wenn wir Schwimmen lernen, beginnen wir zuerst damit, auf dem Trocknen Arm- und Beinbewegungen zu üben. Wir hören uns an, wie man am besten atmet und wie man im Wasser liegen sollte. Wir lernen, dass Technik der eine Teil ist, dass es aber genauso wichtig ist, im entscheidenden Augenblick ruhig zu bleiben, die Übersicht zu behalten, auf sich zu vertrauen und sich von Misserfolgen nicht abschrecken zu lassen.

Genauso ist es mit den Fähigkeiten, die Sie bis jetzt gelernt und geübt haben. Die positive Selbstverbalisation ist wie die Atemtechnik, selbstsicheres Verhalten wie die Beintechnik und die sichere Unterscheidung zwischen aggressivem, selbstsicherem und selbstunsicherem Verhalten wie die Armtechnik. Nun kommt der Augenblick, in dem Sie mit einem Sprung ins tiefe Wasser Ihre neuen Fähigkeiten zusammenführen und ganz allein und ohne Hilfsmittel ausprobieren können. Das Wichtigste ist, dass Sie damit nicht zögern.

> **!** Warten Sie nicht auf einen günstigen Augenblick, um zu sehen, wie Sie Ihr Recht durchsetzen und Ihre Forderung vortragen können. Suchen Sie sich die Gelegenheit!

Wenn Sie Schwimmen gelernt haben, hoffen Sie sicher auch nicht darauf, dass Sie zufällig mal mit Badesachen an einer Schwimmhalle oder einem See vorbeispaziert kommen, sondern Sie gehen gezielt an solche Orte. Sie werden auch nicht nur ein- oder zweimal ein paar Züge schwimmen, sondern immer wieder üben und trainieren, bis Sie sich ganz sicher fühlen und alle Bewegungen, die Sie sich anfangs mühsam erarbeitet haben, vollkommen automatisch beherrschen.

Nicht anders ist es mit der Fähigkeit, selbstbewusst zu handeln. Auch hier macht Übung den Meister. Und auch hier ist es wichtig, nicht zu zögern und sich realistische Ziele zu stecken. Sie werden sich über Erfolge freuen können, wenn Sie es geschafft haben, sich zu überwinden und gesehen haben, dass Sie nicht „untergehen".

UND JETZT SIE:

Übungssituationen vom Typ „Recht durchsetzen"
Im Folgenden finden Sie sieben Situationen, in denen es darauf ankommt, ein Recht in Anspruch zu nehmen. Lesen Sie sich diese Situationen zuerst durch und schätzen Sie ein, für wie schwierig Sie sie halten. Geben Sie der schwierigsten eine Eins und der leichtesten eine Sieben.

(1) Suchen Sie ein Geschäft Ihrer Wahl auf (Radio-, Foto-, Möbelgeschäft oder etwas Ähnliches), lassen Sie sich eine oder mehrere Waren zeigen und erklären, bedanken Sie sich und verlassen Sie dann das Geschäft ohne etwas zu kaufen. □

(2) Gehen Sie in einen Supermarkt und schauen Sie sich die dort angebotenen Waren an. Kaufen Sie nichts ein, sondern stellen Sie den Wagen wieder ab und verlassen Sie den Supermarkt. □

(3) Suchen Sie ein Kaufhaus auf und schauen Sie interessiert die Waren irgendeines Verkaufsstandes an. Nehmen Sie auch einige Gegenstände in die Hand. Wenn Sie ein(e) Verkäufer(in) anspricht, sagen Sie: „Ich möchte mich nur einmal umsehen", betrachten weiterhin die Waren und kaufen nichts. □

(4) Gehen Sie in ein Geschäft und lassen Sie sich ☐
Geld wechseln (zum Telefonieren oder für Zigaretten). Geben Sie dabei keine langen Erklärungen ab, sondern bringen Sie nur kurz Ihr Anliegen vor.

(5) Sprechen Sie auf der Straße einen der vorüber- ☐
gehenden Passanten an und lassen Sie sich für
das Telefonieren (oder für Zigaretten) Geld
wechseln.

(6) Sprechen Sie auf der Straße einen der Vorüber- ☐
gehenden an und lassen Sie sich zwanzig Cent
(zum Telefonieren) schenken. Bringen Sie zunächst nur Ihr Anliegen vor und benutzen Sie
das Wort „schenken". Sollte der andere nachfragen, begründen Sie Ihr Anliegen damit, dass Sie
Ihre Geldbörse vergessen hätten.

(7) Gehen Sie in ein Lokal (Café) und fragen Sie, ob ☐
Sie dort telefonieren könnten. Verzehren Sie
nichts, sondern führen Sie nur das Telefonge-
spräch. (Überlegen Sie sich vorher, wen Sie anrufen könnten.)

Nun entscheiden Sie sich bitte für eine Situation, die Sie in der
folgenden Woche angehen wollen.

Es kommt nicht darauf an, dass Sie eine besonders schwierige
Situation auswählen, sondern einzig und allein darauf, dass Sie
unbedingt eine dieser sieben Situationen in der Realität durchführen.

Selbstbewusst handeln heißt: aktiv sein

Vielleicht erscheinen Ihnen die vorgegebenen Situationen „künstlich" oder „unnatürlich". Bedenken Sie aber, dass es noch immer eine Übung ist. Dabei ist es für Sie auf jeden Fall besser, wenn Sie bewusst und aktiv an eine Aufgabe herangehen, als wenn Sie Gelegenheiten auf sich zukommen lassen. Selbstbewusst handeln heißt auch: aktiv sein, sich um sich selbst kümmern, die „Fäden in der Hand halten", losgehen und sein Bestes versuchen. Wer nur wartet, dass etwas passiert, wer nur dem Zufall vertraut, wird oft enttäuscht.

Und nicht nur das. Auf diese Weise wird der Eindruck verstärkt, man sei von anderen Personen abhängig, es sei bloß möglich zu reagieren, man komme nicht „zum Zug" und sei nur Spielball der Umstände. Solche Eindrücke befördern geradezu negative Selbstverbalisationen und damit mehr und mehr selbstunsicheres Verhalten. Warten Sie also nicht ab, sondern beginnen Sie schon an diesem Punkt selbstsicher zu sein, sich Mut zuzusprechen und Ihr „Schicksal" in die eigenen Hände zu nehmen.

UND JETZT SIE:

Haben Sie sich entschlossen, das zu probieren? Dann wählen Sie sich eine der vorgegebenen Situationen aus und tragen Sie die entsprechende Nummer hier ein:

Ich werde in der kommenden Woche Situation ... durchführen.

Sie brauchen Verbündete

Am besten ist es, wenn Sie Ihre Entscheidung jemandem mitteilen und darauf drängen, dass diese Person Sie nach Ablauf der Woche danach fragt, ob Sie Ihr Vorhaben tatsächlich umgesetzt haben. Eine solche Kontrolle kann sehr nützlich sein, denn sie kann Ihnen dabei helfen, sich Mut zu machen und bei der Sache zu bleiben. Darüber hinaus können Sie sich sicher sein, dass jemand Ihre Freude und Ihren Stolz auf sich selbst unterstützen und teilen wird.

> Mit einer positiven Selbstverbalisation, selbstsicherem Verhalten und einem guten Schuss Selbstlob nach jedem Versuch wird Ihnen Ihr Vorhaben gelingen.

Führen Sie Tagebuch!

Probieren Sie nach der ersten Situation auch andere, schwierigere Situationen aus, und organisieren Sie sich Ihre eigenen Bewährungsproben. Sie können sich selbst zusätzlich unterstützen, wenn Sie ein Tagebuch über Ihre Versuche und Fortschritte führen. Nach einigen Wochen oder Monaten werden Sie beim Nachlesen feststellen, wie schnell Sie sich an solche Situationen gewöhnt haben und wie gut Sie sich in ihnen nun verhalten können.

Damit Sie einen guten Vergleich haben, sollten Sie sich jedes Mal nach dem gleichen Schema ehrlich einschätzen. Wichtig ist, dass Sie tatsächlich ehrlich zu sich selbst sind. Beschönigen Sie nichts – aber seien Sie auch nicht zu kritisch.

UND JETZT SIE:

Auswertung des Tagebuchs

Beobachten Sie sich und die anderen Personen aufmerksam und üben Sie sich immer wieder darin, ihre eigenen Gefühle klar wahrzunehmen und zu benennen. Es bietet sich darum an, in Ihrem Tagebuch jede Übung nach folgenden Fragen auszuwerten:

▶ Welche Situation habe ich durchgeführt?

▶ Wo und wann habe ich die Situation durchgeführt?

▶ Wie zufrieden war ich mit meinem eigenen Verhalten (sehr zufrieden/weitgehend zufrieden/eher zufrieden/eher unzufrieden)?

_____

▶ Wie habe ich mich *vor* der Situation gefühlt?

_____

▶ Wie habe ich mich *nach* der Situation gefühlt?

_____

▶ Wie haben die anderen Personen reagiert?

_____

▶ Welche Situation nehme ich mir für die nächste Woche vor?

_____

Manches kann man zunächst „im Geiste" erproben

Haben Sie die Übung durchgeführt? Wenn nicht, dann schlagen Sie doch an dieser Stelle das Buch erst einmal zu und probieren Sie es. Ersatzweise können Sie sich natürlich auch „im Geiste" in eine der vorgegebenen Situationen versetzen. Stellen Sie sich dafür möglichst genau die Szene vor. Welche Tageszeit ist es, wie ist das Wetter, sind viele Leute auf der Straße bzw. im Geschäft oder ist es eher leer? Kennen Sie die Person, die Sie ansprechen wollen, oder ist Sie Ihnen völlig fremd; ist sie gerade sehr beschäftigt, oder sieht es aus, als habe sie nichts weiter zu tun? Beachten Sie so viele Details Ihrer Szene wie möglich.

Nun fühlen und hören Sie in sich hinein. Was geschieht in Ihnen, wenn Sie sich vorstellen, Ihre Übung jetzt anzugehen? Wenn Sie merken, dass Ihr Herz beginnt, schneller zu schlagen, dass Sie ein merkwürdiges Kribbeln im Bauch spüren, dass Sie vielleicht sogar am liebsten aufhören würden, bei Ihrer Vorstellung zu bleiben, dann sprechen Sie sich Mut zu: „Es ist kein Problem. Es ist mein gutes Recht. Ich kann selbstsicher auftreten…" Spüren Sie, wie sich Ihr Körper strafft, wie sich der Herzschlag beruhigt und der Atem langsamer und freier geht? Spielen Sie jetzt ihre Übung weiter durch. Stellen Sie sich vor, wie Sie die andere Person anschaut, was sie sagt, welche Körperhaltung sie hat und wie Sie sich selbst verhalten. Beenden Sie die Übung genau so, wie es Ihre Aufgabe erfordert.

Nun fühlen und hören Sie noch einmal genau in sich hinein. Wie haben sich Ihre Gefühle und Gedanken im Vergleich zu vorhin verändert? Loben Sie sich selbst und schmälern Sie Ihr Lob keinesfalls, indem Sie sich sagen, es sei ja nicht „echt", eben nur eine Gedankenreise gewesen. Sie haben diese Reise unternommen, allein das ist wichtig und auf jeden Fall ein guter Anfang.

Nachdenken ersetzt nicht wirkliches Handeln

Aber natürlich ersetzt kein Nachdenken das tatsächliche Tun. Wenn jemand zum Beispiel eine Spinnenphobie – also eine übermäßige Angst vor Spinnen – hat, dann ist es natürlich eine Riesenleistung, wenn er sich dazu durchringen kann, sich Spinnen überhaupt vorzustellen. Wenn er sich vorzustellen bereit ist, an eine nicht einsehbare Stelle zu fassen, wo vielleicht ein solches Tier sitzen könnte, es gar „im Geiste" zu berühren. Doch will er seine Phobie tatsächlich überwinden, und das nicht nur kurzzeitig, sondern auf lange Sicht, dann genügt dieser erste Schritt nicht. Er muss lernen, mit echten Spinnen in seiner normalen Umwelt zurechtzukommen. Immer wieder und immer wieder wird er sich überwinden müssen, bis irgendwann die Angst abnimmt und vielleicht sogar verschwindet. Eine solche Phobie ist für jeden, der sie hat, eine unglaubliche Belastung. Sie bedeutet, dass sich die Personen nicht nur in ihrem Lebensgefühl, sondern in ihrem Lebensraum immer mehr eingeschränkt fühlen. Es gibt so viele Gelegenheiten und so viele Orte, an denen Spinnen vermutet werden können. Die Angst lässt alle diese Stellen zur Gefahr werden, die gemieden werden muss. Ähnlich ist es auch, wenn soziale Beziehungen zur potentiellen Gefahr zu werden drohen.

> **!** Wenn die Angst davor, sein Recht einzufordern, eine Forderung zu stellen oder auch „nein" zu sagen, einen daran hindert zu sagen, was man möchte und was nicht, schränkt dies das Lebensgefühl und den Lebensraum ein.

Vielleicht ist es möglich, sich solchen Situationen eine Zeit lang, möglicherweise auch ein Leben lang, zu entziehen. Vielleicht sagt man sich, die eigenen Forderungen seien ja nicht so wichtig, man könne eben niemandem eine „Bitte" abschlagen, man sei nun mal „zu gut für diese Welt". Hat man sich für diesen Weg entschieden und damit arrangiert, immer zurückzustecken, dann ist es nicht nötig, etwas zu verändern. Da Sie aber dieses Buch zur Hand genommen haben, gehen wir davon aus, dass Sie nicht zu diesen Leuten gehören. Sie wollen versuchen, Ihr Schicksal selbst zu lenken, mit offenen Augen und aufrechtem Gang durchs Leben zu gehen, gleichberechtigter Partner Ihrer Freunde, Kollegen, Eltern und anderen Mitmenschen zu sein. Doch dieses Selbstbewusstsein kann man sich nicht erlesen oder erträumen. Wichtig ist, dass Sie tatsächlich üben und trainieren.

3.6 Zusammenfassung: Freuen Sie sich an allem, was Sie erreicht haben!

Wir sind am Ende unserer Übungen zur Situation „Recht durchsetzen". Wenn Sie die Übungen selbst durchgeführt haben, werden Sie feststellen können, dass Sie über neue Fähigkeiten verfügen. Sie haben gelernt, durch positive Selbstverbalisationen und selbstsicheres Verhalten diese Situationen zu meistern. Sie haben erfahren, dass Sie sachlich und angstfrei Forderungen stellen können und dass Sie damit Beziehungen zu anderen Menschen nicht zerstören, sondern auf einer sachlichen Ebene positiv gestalten können. Scheuen Sie sich nicht davor, sich immer wieder selbst zu loben. Zu wissen, was man kann und welche guten Seiten man hat, ist die beste Voraussetzung dafür, sich gut zuzusprechen (positive Selbstverbalisation!) und sich selbstbewusst zu verhalten.

Wenn wir in ein Geschäft gehen, um einen neu gekauften, aber defekten Camcorder umzutauschen, nehmen wir mit dem Verkäufer Kontakt auf. Die Situation, in der wir uns damit befinden, ist natürlich in irgendeiner Form eine Beziehungssituation. Allerdings ist diese Beziehung dadurch gekennzeichnet, dass wir sie aus sachlichen und rechtlichen und weniger aus persönlichen Gründen eingehen. Wir wollen unser Recht auf den Erhalt einer fehlerfreien Ware einfordern. Dass wir dafür den Verkäufer ansprechen, hat weder damit zu tun, dass wir ihn besonders sympathisch oder unsympathisch finden, noch damit, dass wir nett oder gegebenenfalls abweisend sein möchten. Der Verkäufer ist lediglich die Person, die uns dieses Recht gewähren muss, dazu ist er verpflichtet. Ein selbstsicheres Auftreten wird uns in diesem Rahmen ermöglichen, unseren Anspruch geltend zu machen, auch wenn der Verkäufer Möglichkeiten sucht, uns unverrichteter Dinge wieder gehen zu lassen.

> **!** Das entscheidende Merkmal der Situationen vom Typ „Recht durchsetzen" ist also, dass wir unsere rechtlich legitimierten Interessen durchsetzen wollen. In der Regel sind dabei weder wechselseitige Sympathien von Belang noch die möglicherweise beim Partner durch meine Forderungen entstehenden Gefühle.

Die persönliche Beziehung zum Gegenüber steht damit also eher im Hintergrund. Darum ist eine positive Selbstverbalisation wie etwa „Ich nehme mein Recht in Anspruch und lasse mich davon nicht abbringen!" eine gute Ausgangsbasis für den Erfolg meiner Unternehmung.

Weiterführende Literatur

Forgas, J. P. (1999). Soziale Interaktion und Kommunikation. Eine Einführung in die Sozialpsychologie (4. Aufl.). Weinheim: Beltz.

Manusov, V. (2001). Attribution, communication behavior, and close relationships. Cambridge: Cambridge University Press.

Pfingsten, U. (1984). Soziale Durchsetzung. Konsequenzen von unsicherem, kompetentem und aggressivem Verhalten. München: Profil.

4 Situationen vom Typ B — Beziehungen

4.1 Wodurch zeichnet sich die Situation „Beziehungen" aus?

Wie aber ändert sich die Situation, wenn wir nicht den unbekannten Verkäufer vor uns haben, bei dem wir etwas reklamieren wollen?

Nehmen wir zum Beispiel an, ich bin mit einem Freund zum Essen verabredet, habe den ganzen Abend gekocht und vorbereitet, der Tisch ist gedeckt, Musik spielt und die Kerzen brennen. Wer nicht kommt, ist mein lieber Freund. Seit zwei Stunden warte ich inzwischen vergeblich auf ihn. Ich bin verdammt wütend. Es ärgert mich, dass er mir nicht wenigstens abgesagt hat. Endlich entschließe ich mich, ihn anzurufen. Wie aber sollte ich mich jetzt verhalten? Ist es vernünftig, ihn so zu behandeln wie den Verkäufer, bei dem ich heute Vormittag den kaputten Camcorder reklamiert habe? Kann ich von meinem Freund in der gleichen Weise fordern, dass er rechtzeitig das Treffen abzusagen habe, wenn er nicht kommen kann? Kann es mir im Prinzip egal sein, welche Einwände er vorzubringen hat? Wie kann ich ihm also sagen, dass ich ausgesprochen ärgerlich bin und was ich von ihm erwarte?

Viele dieser Fragen scheinen sich ganz selbstverständlich beantworten zu lassen. Natürlich wäre es sehr ungeschickt, den Freund anzurufen und ihm knapp zu sagen: „Komm bitte sofort her, ich habe das Essen gekocht, und nun erwarte ich, dass wir es auch zusammen aufessen!" Selbst wenn er das tun würde, hätte wohl keiner so richtig Genuss an diesem Abend. Eher wäre zu erwarten, dass uns beiden die inzwischen kalten Bissen im Halse stecken bleiben würden.

Die Forderung, dass man ein Gerät, welches defekt ist, zurücknimmt, und die Forderung, dass ein Mensch, der mir wichtig ist, eine Verabredung einhält, sind also zwei ganz verschiedene Dinge oder besser gesagt: Es sind zwei verschiedene Situationstypen.

> **!** Solche Situationen, wie z.B. der Anruf wegen des missglückten gemeinsamen Abendessens, bezeichnen wir als „Beziehungssituationen".

Im Unterschied zu dem Kontakt, den wir aus sachlichen Gründen mit dem Verkäufer wegen einer Reklamation eingehen, sind Beziehungen sehr viel mehr „Herzensangelegenheiten".

> **!** Von Beziehungen sprechen wir bei allen Begegnungen mit den Menschen, die uns emotional nahe stehen, mit denen wir zusammen leben, weggehen, arbeiten oder unsere Freizeit verbringen.

Ob nun Freunde, Lebenspartner, Eltern, Kinder, Mitbewohner in der Wohngemeinschaft, Kollegen, „Kegelbrüder", aber auch der nette Nachbar – sie alle können für unser psychisches Wohlbefinden sehr wichtig sein. Die Kontakte zu ihnen bestehen meist schon längere Zeit und in der Regel haben beide Seiten ein Interesse daran, sie auch in Zukunft zu wahren und zu pflegen.

In solchen Beziehungen, seien sie nun schon über Jahre gewachsen oder erst vor kurzem entstanden, treffen immer zwei oder mehrere Personen mit ganz eigenen Bedürfnissen, Erwartungen und Forderungen aufeinander. Jeder Mensch möchte in seinen Beziehungen seine eigenen Interessen wahren und seinen Bedürfnissen entsprechend handeln können. Darüber hinaus hat jeder natürlich auch dem anderen gegenüber bestimmte Forderungen und Erwartungen. Genauso hat aber auch der Partner eigene Bedürfnisse, Interessen und selbstverständlich auch Forderungen.

Hier können Sie Ihre Forderungen nicht einklagen

Solche Forderungen an die Beziehung insgesamt oder an den Partner sind jedoch in den seltensten Fällen irgendwie rechtlich legitimiert. Sie sind eher aus den Regeln und Normen des Zusammenlebens abgeleitet, aber in keiner Weise irgendwie einklagbar. Eine Forderung, der Freund möge doch eine Verabredung einhalten oder eben vorher absagen, ist demnach etwas ganz anderes als die Reklamation eines Gerätes wie in den Situationen vom Typ „Recht durchsetzen".

> **!** Die Besonderheit der Beziehungssituationen gegenüber den Situationen vom Typ „Recht durchsetzen" besteht mindestens in zwei Dingen: in der Art der Forderungen und in den Handlungszielen.
> In Beziehungssituationen gibt es neben dem Ziel, eine Forderung oder ein Interesse durchzusetzen, das übergeordnete Ziel, die Beziehung zur anderen Person aufrechtzuerhalten oder zu verbessern. Forderungen lassen sich, weil sie rechtlich irrelevant sind, auch nicht über rechtliche Legitimation durchsetzen.

In vielen Beziehungen kann man jedoch beobachten, dass ein Großteil der Streitigkeiten nach dem Muster „Wer hat Recht?" ablaufen. Sie werden behandelt wie Situationen vom Typ „Recht durchsetzen". Hat nun der Partner mehr Recht, der es in der gemeinsamen Wohnung ordentlicher möchte, oder der, dem die Ordnung nicht so wichtig ist? Hat der mehr Recht, der morgens Kaffee trinken möchte, oder der, der am liebsten Tee zum Frühstück trinkt?

Ganz offensichtlich geht es in diesen beiden Beispielen um unterschiedliche Bedürfnisse oder Gewohnheiten, die man entweder in ihrer Verschiedenheit akzeptieren – oder aber über einen Aushandlungsprozess zu einem für beide Seiten erträglichen Kompromiss zusammenführen muss. Dass in einer Partnerbeziehung unterschiedliche Bedürfnisse bestehen, ist eigentlich normal und sollte kein Problem darstellen. Man macht die Verschiedenheit aber zum Problem, wenn man die eigenen Bedürfnisse für „richtiger" oder begründeter hält als die des Partners und versucht, sie über ein Sich-Durchsetzen als allgemein gültig zu etablieren.

Gibt es in Beziehungen auch Situationen, die keine Beziehungssituationen sind?

Heißt das aber, dass es in persönlichen Beziehungen keine rechtlich legitimierten Forderungen gibt bzw. dass ich meine Interessen in einer Partnerschaft oder Freundschaft nicht auch gerichtlich durchsetzen kann? Nein, das heißt das nicht. Wenn eine Ehefrau von ihrem Mann misshandelt wird, wenn jemand seiner Freundin Geld geliehen hat, und sie sich weigert, es zurückzuzahlen, wenn der ansonsten sympathische und hilfsbereite Nachbar um Mitternacht die Stereoanlage bis zum Anschlag aufdreht und sich nicht dazu bewegen lässt, seine Musik in Zimmerlautstärke zu genießen, dann sind durchaus rechtlich legitimierte Interessen verletzt. Natürlich kann die Ehefrau gegen den Mann, der Freund gegen die Freundin klagen und der belästigte Mieter die Polizei holen.

Bei diesen Beispielen handelt es sich aber nicht um Beziehungssituationen, wie sie hier gemeint sind, sondern eindeutig um Situationen des Typs „Recht durchsetzen". Nicht jedes Verhalten wird also dem Typ „Beziehungssituation" zugeordnet, nur weil sich die Personen gut kennen, vielleicht sogar mögen. Sobald rechtliche Interessen massiv verletzt werden, steht es selbstverständlich auch in Beziehungen jedem Menschen zu, dagegen vorzugehen, wie Sie das im vorigen Kapitel gelesen haben. Wenn also die Ehefrau, der Freund, der Mieter so ihr Recht durchsetzen, dann ist das völlig in Ordnung.

Sie nehmen dann allerdings in Kauf, dass die Beziehung leidet oder gar bricht. Bei Reklamationen in einem Geschäft ist mit einer solchen Konsequenz ganz und gar nicht zu rechnen. Denn dort gibt es keine Beziehung, die für Käufer und Verkäufer zu wahren und zu pflegen wäre.

Nicht jede Beziehung ist erhaltenswert

In Beziehungen, wie wir sie hier meinen, ist eine solche Konsequenz allerdings mit einzurechnen. Und sie mag in dem einen oder anderen Fall sogar das Beste sein, was eine Person für sich tun kann. Denn nicht jede Beziehung ist es auch wirklich wert, geschützt zu werden. Mitunter ist ein Bruch schon lange fällig, und ein Recht durchzusetzen ist nur der letzte entscheidende Schritt.

Genauso gibt es Interessen und Forderungen, die zwar nicht juristisch legitimiert sein mögen, aber dennoch unbedingt durchgesetzt werden sollen. Entwickelt sich zum Beispiel der Mitbewohner der Wohngemeinschaft zu einer Person, die ständig Streit sucht oder sich trotz mehrmaliger Ermahnungen nicht an den Hausarbeiten beteiligt, dann kann auch hier das Ziel, die Beziehung zu wahren, völlig in den Hintergrund treten. Die Situation, die durch den Konflikt entsteht, kann dann durchaus nach dem Muster „Recht durchsetzen" angegangen werden. In solchen Situationen können der große Familienstreit, das Auseinanderziehen, die Scheidung usw. die Folge sein, und das ist einzukalkulieren.

Möglicherweise ist es auch hier besser, diese Folgen – seien sie nun erwünscht oder nur in Kauf genommen – zu akzeptieren, als die Beziehung weiter aufrechtzuerhalten. Jedoch gehören auch diese Konflikte nicht zu denen, die hier als „Beziehungssituation" verstanden werden sollen.

4.2 Zufriedenstellende Beziehungen pflegen – aber wie?

Jeder Mensch hat Hoffnungen, Wünsche, Träume, Bedürfnisse und Forderungen. Das ist unser gutes Recht, und es ist gut so. Jeder Mensch kann auch sagen, was er hofft, wünscht, träumt, möchte, braucht und fordert. Auch das ist unser gutes Recht, und auch das ist gut so.

In Partnerschaften merken wir aber nur allzu häufig, wie verschieden wir Menschen sind und wie verschieden das ist, was wir erstreben. Mitunter treffen dann Bedürfnisse und Interessen aufeinander, die sich vielleicht sogar gegenseitig ausschließen. Wenn wir akzeptieren, dass der andere genauso starke Bedürfnisse hat wie wir selbst, dann können wir auch akzeptieren, dass seine Bedürfnisse von unseren abweichen können. Sie sind deshalb nicht schlechter, nicht „falscher", nicht unberechtigter als unsere eigenen. Sondern sie sind Teil unserer Beziehung.

Sie werden sich darum auch immer auf unsere Kontakte in irgendeiner Form auswirken. Es nützt also nichts, wenn einer der Partner seine Forderungen, seine Hoffnungen und Wünsche verschweigt oder anders zu verbergen sucht. Der andere wird merken, dass da etwas Unausgesprochenes ist. Solche unausgesprochenen Erwartungen belasten jede Beziehung. Sie rufen Enttäuschungen hervor, denn der andere kann – wenn er kein Hellseher ist – eigentlich kaum etwas richtig machen.

Wenn wir eine zufriedenstellende Beziehung anstreben, dann gehört es also dazu, dass wir sagen und zeigen, was wir wollen. Eigene Wünsche und Forderungen zu haben, ist das Recht jedes Menschen. Sie zu äußern ist nicht nur legitim, sondern die Grundlage für eine offene und ehrliche Partnerschaft.

Genau das ist der Knackpunkt in Beziehungssituationen. Vor jeder Auseinandersetzung sollte man sich an diesen Satz erinnern. Wenn man ihn akzeptiert, dann erübrigt es sich von selbst, seine Forderungen an den anderen wie ein Recht durchsetzen zu wollen.

Was kann ich aber tun, wenn mein Partner etwas macht, was mich stört, wenn er etwas unterlässt, was er meines Erachtens aber unbedingt tun sollte? Ich habe also Forderungen und bin berechtigt und sogar gemahnt, sie anzusprechen. Zugleich bin ich aber auch daran interessiert, mit meinem Partner auch weiterhin eine gute oder vielleicht noch bessere Beziehung zu haben. Aus diesem Grund kann es nicht darum gehen, mich unbedingt durchzusetzen.

Denn in Beziehungssituationen ist nicht die durchgesetzte Forderung das Kriterium für ein erfolgreiches Handeln. Hier kommt es darauf an, wie ich mich mit meinen Forderungen, Wünschen und Bedürfnissen meinem Partner gegenüber deutlich mache und wie ich zugleich in der Lage bin, seine Interessen zu verstehen.

Davon hängt ab, ob ich mein unmittelbares Ziel – meine Forderungen – mit meinem übergreifenden Ziel – die Beziehung zu wahren – in Übereinstimmung bringen kann oder nicht. Dabei ist es durchaus möglich, dass nicht alle Forderungen oder manche nicht in vollem Umfang erfüllt werden.

 Erfolg in Beziehungssituationen bedeutet, einen Konsens zu finden, mit dem Sie und Ihr Partner gut leben können.

Gefühle respektieren – auch die eigenen

Wie kann ein solcher Konsens gefunden werden? Auf jeden Fall nicht dadurch, dass ich auf meinem – vermeintlichen – Recht beharre. Ebenso unglücklich enden meistens auch die Versuche, den anderen mit irgendwelchen Normen oder dem „moralischen Zeigefinger" zu einer Einsicht bringen zu wollen. Solche Bemerkungen wie „Das tut man nicht!" oder „Das gehört sich nicht!" fordern geradezu eine sehr lange und sehr nutzlose Diskussion heraus. Die Argumentation mit irgendwelchen Normen ist ja auch nur ein Versuch, die eigenen Forderungen zu legitimieren.

Die besten Aussichten, sich mit seinen Wünschen und Forderungen verständlich machen zu können, bestehen dann, wenn ich dem anderen meine eigenen Gefühle mitteile. Gefühle zu äußern ist Ihr gutes Recht. Sie gehören nur Ihnen und können von niemandem bestritten werden. Sie sind sozusagen „Privatereignisse". Wenn Sie wütend sind, sind Sie eben wütend. Darüber kann niemand mit Ihnen diskutieren. Auch nicht darüber, ob Sie nun in dieser Situation wütend sein dürfen, ob sich so etwas gehört oder nicht – Sie sind wütend und fertig. Und genau das können Sie Ihrem Partner mitteilen. Sie können versuchen, dass er Sie versteht, dass er nachvollziehen kann, warum Sie so fühlen. Geben Sie aber auch Ihrem Partner die Gelegenheit zu sagen, wie es ihm geht, was das Ereignis oder die Situation, die Sie so bewegt hat, für ihn emotional bedeutet.

Sie werden feststellen, dass sich allein durch ein solches Gespräch schon einige Probleme lösen können. Manchmal ist das, was ein Partner tut oder unterlässt, für den anderen sehr schmerzlich, ohne dass der „Täter" das weiß oder gar beabsichtigt. Manchmal bedeutet auch ein und dieselbe Sache für beide etwas ganz Verschiedenes. Solche Dinge werden erst deutlich, wenn man darüber spricht.

> **!** Wenn Konflikte in Beziehungen auftreten, dann können sie nur dadurch gelöst werden, dass beide Partner die eigenen Gefühle und Bedürfnisse äußern, die Gefühle und Bedürfnisse des anderen verstehen und anschließend versuchen, einen Kompromiss zu finden.

4.3 Wurde die Situation erfolgreich bewältigt?

Im Vergleich zu den Situationen, in denen es nur darum geht, sein Recht durchzusetzen, sind Beziehungssituationen weitaus komplexer. Die Personen haben in ihnen nicht mehr nur ein Ziel, sondern zwei – und gerade das birgt genügend Zündstoff für Konflikte. Die Besonderheiten von Beziehungssituationen werden in folgenden Beispielen deutlich.

BEISPIEL

Dr. Dach, der Leiter eines Architekturbüros, bereitet ein Wettbewerbsprojekt vor. Er merkt am Tag vor dem Abgabetermin, dass er es alleine nicht schafft, alle Unterlagen rechtzeitig fertig zu stellen. Seine angestellten Architekten sind mit ihren eigenen Projekten beschäftigt und haben ohnehin bald Feierabend. Wenn er den Termin halten will, ist er darauf angewiesen, dass sie ihm helfen und Überstunden machen.

Die junge Frau Nett hat sich mit ihrer Freundin verabredet, die sie schon lange nicht mehr gesehen hatte. Sie spricht sich mit ihrem Mann ab, dass er an diesem Abend die Kinder versorgt. Am Tag ihrer Verabredung ruft jedoch ihr Mann vom Büro aus an und teilt ihr mit: „Schatz, es geht heute leider nicht. Ich muss länger arbeiten, und hinterher will sich gern Kollege X bei einem Bier mit mir unterhalten."

Herr Mustermann kommt morgens immer schwer in Gang. Er braucht viel Zeit im Bad und vor allem Ruhe beim Frühstück. Seine Kinder drängeln allerdings vor der Badetür, ihr Kassettenrecorder läuft mit beträchtlicher Lautstärke, und beim Frühstück fangen sie an, sich zu zanken.

Gehen wir bei allen drei Beispielen davon aus, dass die Personen daran interessiert sind, ihren Wünschen, Forderungen und Bedürfnissen Rechnung zu tragen und zugleich ihre sozialen Beziehungen möglichst für alle zufriedenstellend aufrechtzuerhalten. Nehmen wir weiterhin an, sie hätten kürzlich das Kapitel dieses Buches gelesen, in denen sie die Instruktionen für selbstsicheres Verhalten in Situationen vom Typ „Recht durchsetzen" gefunden haben. Nehmen wir drittens an, sie würden versuchen, die Konflikte in dieser Weise zu lösen. Wie würden sie handeln?

BEISPIEL

Dr. Dach konzentriert sich kurz, denkt noch einmal an die wichtigen Unterschiede zwischen unsicherem, sicherem und aggressivem Verhalten, bedenkt, dass er weisungsberechtigter Arbeitgeber ist, und sagt zu seinen Angestellten: „Das Wettbewerbsprojekt muss heute noch fertig gestellt werden. Ich möchte, dass Sie einen Anteil der restlichen Arbeit übernehmen."

Frau Nett gerät beim Anruf ihres Mannes zwar in Zorn und ärgert sich maßlos. Sie erinnert sich aber daran, dass Aggression kaum weiterhilft, und sagt daher laut und deutlich, aber beherrscht: „Wir hatten abgesprochen, dass du die Kinder übernimmst, und nun bestehe ich darauf. Ich will nicht mit dir darüber diskutieren. Regele das!"

Herr Mustermann verliert trotz guten Vorsatzes die Beherrschung und schreit laut über den Frühstückstisch hinweg seine Kinder an: „Seid endlich leise und lasst mir meine Ruhe!" Dann besinnt er sich kurz, reißt sich zusammen und sagt: „Ich will ungestört essen. Also haltet jetzt den Mund."

Durchaus selbstsicher und ganz nach Instruktion aus dem vorangegangenen Kapitel haben sich die drei Personen darum bemüht, ihre Forderungen vorzutragen und durchzusetzen. Gehen wir davon aus, dass die Angestellten tatsächlich Überstunden leisten und das Wettbewerbsprojekt mitbearbeiten, dass es Herr Nett möglicherweise wirklich so regelt, dass seine Frau wie verabredet zu ihrer Freundin gehen kann und dass die Kinder von Herrn Mustermann zumindest an diesem Morgen ihren Zank unterbrechen und den Rest des Frühstücks wortlos zu sich nehmen: Kann in diesen Fällen davon die Rede sein, dass die drei Personen in den Situationen erfolgreich gehandelt haben? Würden Sie sie als sozial kompetent einschätzen? Wahrscheinlich eher nicht. In allen drei Beispielen setzen sich die Handelnden zwar durch, die anderen verhalten sich ihren Forderungen entsprechend, aber es ist vorstellbar, dass sie verstimmt sind. Kommen ähnliche Situationen häufiger vor, wird ihr Unmut über ihren Vorgesetzten, über die Frau bzw. den Vater wohl steigen. Konflikte in diesen Beziehungen sind dann vorprogrammiert.

Ist Erfolg gleich Erfolg?

Im vorangegangenen Kapitel wurde von Erfolg gesprochen, wenn eine Person in der Lage ist, sich mit ihren Forderungen durchzusetzen. Nun haben sich die Personen in unseren Beispielen ebenfalls durchgesetzt, und trotzdem sprechen wir diesmal nicht von Erfolg. Was heißt es denn nun, erfolgreich zu handeln?

> **!** Ein Erfolg ist dann erzielt, wenn man sein Ziel erreicht hat. Wird kurzfristig ein Ziel erreicht, damit aber auf längere Sicht ein anderes, wichtigeres missachtet oder verfehlt, kann nicht von Erfolg gesprochen werden.

Sozial inkompetentes Verhalten in Beziehungssituationen heißt, sich zielunangemessen zu verhalten. Da in diesen Situationen zwei Ziele zugleich stehen, können zwei Ursachen für Misserfolge in Beziehungssituationen angenommen werden.

Wenn eigene Interessen missachtet werden ...

Aus einer falschen Bescheidenheit heraus oder aus Angst, die Beziehung unnötig zu belasten, werden die eigenen Forderungen, Wünsche und Bedürfnisse nicht deutlich formuliert, oder es wird ohne triftigen Grund gleich von ihnen Abstand genommen. Besonders häufig lässt sich diese Strategie bei Frauen beobachten. Durch ihre Sozialisation haben sie die Rollenerwartungen, die an sie gerichtet werden, so für sich übernommen, dass sie scheinbar von Natur aus rücksichtsvoll, zurückhaltend, bescheiden sind, sich mit weniger begnügen, dass sie sich zuerst nach den Wünschen ihrer Partner, Eltern, Kinder richten und erst dann nach ihren ureigensten Interessen und Bedürfnissen.

Die gesellschaftlich noch immer hoch geschätzte aufopfernde Mutter und Hausfrau entspricht diesem Bild. Sie ist perfekt als Gattin, bereitet ihrem Mann ein gemütliches Heim, achtet darauf, dass er sich voll und ganz seiner Arbeit und zum Ausgleich seinen Freizeitinteressen widmen kann. Als gute Mutter sorgt sie natürlich für das Wohlbefinden ihrer Kinder, für die sie rund um die Uhr da ist und auf deren Wünsche sie so gut wie nur möglich immer eingeht. Selbst wenn sie es schafft, sich irgendwann einmal nur um sich selbst zu kümmern, nutzt sie die Gelegenheit, ihren Körper zu trainieren, zu bräunen und auch sonst möglichst so attraktiv zu erhalten, dass ihr Mann mit ihr zufrieden bleibt. Immer jung, immer schön und vor allem immer schön bescheiden. Wenn sich eine Frau mit diesen Idealen in ihrer Rolle gut einrichtet und zufrieden ist, mögen die Beziehungen zu ihren Kindern und zu ihrem Mann durchaus harmonisch und glücklich gedeihen.

Sehr oft aber gelingt das nicht. Nur sehr wenige Menschen können auf Dauer eigene Forderungen und Interessen, eigene Wünsche und Bedürfnisse zurückstellen, ohne dabei nicht unzufrieden zu werden. Die Unzufriedenheit einer Mutter und Ehefrau mit ihrem eigenen Leben wirkt sich aber natürlich auch auf ihre Kinder und ihren Mann aus. So entsteht ein Teufelskreis, in dem sich allmählich die Beziehungen verschleißen, wenn kein Ausweg gefunden wird.

 Es ist in der Regel für eine Beziehung nicht dienlich, wenn eigene Interessen nicht artikuliert werden.

Wenn Beziehungsinteressen missachtet werden ...
Nicht nur der Mensch verhält sich sozial inkompetent, der – vermeintlich zum Wohle der Beziehung – seine Forderungen unterdrückt und unausgesprochen lässt. Eine andere Variante sozial inkompetenten Verhaltens zeigt sich in den Beispielen auf S. 111. Hier sind die Personen durchaus in der Lage, ihre Forderungen zu artikulieren und durchzusetzen. Das Problem ist nur, dass diese Personen fälschlich davon ausgehen, ihre juristisch nicht legitimierten Forderungen seien tatsächliche Rechte. Ihr Ziel, diese vermeintlichen Rechte durchzusetzen, dominiert die Situation. Ihr eigentlich auch vorhandenes Ziel, die Beziehung zu wahren, gerät dabei völlig in den Hintergrund. Damit missachten sie ihre eigenen Beziehungsinteressen. Sie handeln so, als befänden sie sich in der Situation „Recht durchsetzen".

 Viele Konflikte in Partnerschaften entstehen wahrscheinlich gerade dadurch, dass Situationen in Beziehungen, die man eigentlich bewahren möchte, so betrachtet werden, als ginge es darum, sein Recht durchzusetzen.
Nicht selten haben solche „Verwechslungen" etwas mit einem „Macht- bzw. Dominanzgefälle" oder sonstiger autoritärer Stärke zu tun.

Eltern glauben zum Beispiel oft, sie müssten irgendwelche Forderungen ihren Kindern gegenüber durchsetzen, obwohl das nicht immer gerechtfertigt ist. Der Vater verlangt z.B. von seinen Kindern, dass sie ihren Trickfilm abschalten, weil er jetzt „seine" Sendung sehen möchte. Die Mutter setzt durch, dass die Kinder sofort ihr Zimmer aufräumen, obwohl auch später dazu Zeit gewesen wäre. Die Eltern verlangen von den Kindern ganz bestimmte Hausarbeiten, ohne sie überhaupt gefragt zu haben, was sie übernehmen möchten und was nicht. Ähnlich verhält es sich im Fall von Dr. Dach, der als Chef von seinen Angestellten fordert, Überstunden zu leisten, und der Arbeitsaufgaben überträgt, die nicht angemessen sind. Wohl mögen sich die Angestellten fügen, sie haben ohnehin oft keine andere Wahl. Aber dem Arbeitsklima und der Freude an der Arbeit selbst ist das eher abkömmlich.

Nachgewiesen ist zum Beispiel schon seit langem, dass eine der Folgen eines so provozierten schlechten Arbeitsklimas ein höherer Krankenstand der Belegschaft ist. Der Krankenstand ist also ein recht sicherer Gradmesser für die Güte der Beziehungen zwischen den Firmenangehörigen. Wenn ein Chef der Ansicht ist, er müsse und könne alle seine Forderungen und Interessen kraft seiner Stellung als vermeintliche Rechte durchsetzen, trägt er nicht unerheblich zu den Krankheitsausfällen seiner Mitarbeiter bei.

Natürlich gibt es auch entgegen dem eigentlichen Dominanzgefälle gerichtete Versuche, Forderungen mit Macht durchzudrücken. Ist beispielsweise ein Angestellter der Meinung, er könne mal wieder eine Gehaltserhöhung oder ein paar Tage Urlaub vertragen und versucht er, das in der Art und Weise des „Recht-Durchsetzens" bei seinem Chef einzufordern, mag er vielleicht Erfolg haben. Aber sein Verhalten ist im Grunde unangemessen und auf längere Zeit gesehen wohl kaum nützlich.

Doch auch in Partnerschaften und Freundschaften, in denen eigentlich Machtansprüche keinen Platz haben, sind solche Verwechslungen von Beziehungssituation und der Situation „Recht durchsetzen" zu beobachten. Bei Frau Nett aus unserem Beispiel auf S. 112 wird das deutlich. Sie glaubt, die Abmachung mit ihrem Mann bedeute, sie habe das Recht, auf deren Einhaltung zu beharren. Entsprechend verhält sie sich.

Unterschiede zwischen Situationen vom Typ „Recht durchsetzen" und „Beziehungen"

Erfahrungsgemäß macht im alltäglichen Zusammenleben von Partnern, Familien, Freunden, Bekannten und Kollegen die deutliche Trennung zwischen Situationen vom Typ „Recht durchsetzen" und Beziehungssituationen die größten Schwierigkeiten. Um die Unterschiede zwischen beiden nochmals zu verdeutlichen, sind ihre Merkmale und die geeigneten Verhaltensfertigkeiten in folgender Tabelle gegenübergestellt.

	Situation „Recht durchsetzen"	Situation „Beziehungen"
Ziele	▶ Forderungen durchsetzen	▶ Bedürfnisse äußern ▶ Beziehung bewahren oder verbessern
Verhalten	▶ selbstsicher	▶ selbstsicher
Fertigkeiten	▶ Blickkontakt herstellen ▶ laut und deutlich reden ▶ sich nicht auf Diskussionen einlassen ▶ auf Forderung beharren	▶ Blickkontakt herstellen ▶ laut und deutlich reden ▶ eigene Gefühle angemessen äußern ▶ die Gefühle und Bedürfnisse des Partners verstehen ▶ Kompromissfähigkeit
Erfolg	▶ Recht durchgesetzt	▶ Beziehung aufrechterhalten bzw. verbessert ▶ Einigung erzielt

Wie Sie sehen, bedeutet sozial kompetentes Verhalten in der einen Situation, dass Sie in der Lage sind, Ihr Recht durchzusetzen. In der anderen kommt es dagegen darauf an, eine Einigung zu erzielen, wobei die Einigung auch darin bestehen kann, dass beide Partner die Unterschiedlichkeit ihrer Wünsche und Bedürfnisse akzeptieren. Diese Unterschiede zwischen beiden Situationstypen resultieren aus den verschiedenen Handlungszielen. Um diese verschiedenen Ziele in den verschiedenen Situationen erreichen zu können, sind deshalb auch unterschiedliche Verhaltensfertigkeiten gefragt. Beim Durchsetzen von Rechten kommt es darauf an, sich nicht in Diskussionen einwickeln zu lassen und nur auf seinen Forderungen zu beharren. Im anderen Fall, der Beziehungssituation, ist es vor allem wichtig, dass Sie Ihre Gefühle – positive wie negative – äußern, die des Partners verstehen können und zusätzlich kompromissfähig sind.

Würde in der Beziehungssituation so gehandelt wie in der Situation „Recht durchsetzen", wäre das genauso ungünstig, wie in der Situation „Recht durchsetzen", die Fertigkeiten aus der Beziehungssituation ins Spiel zu bringen. Es genügt darum auch nicht, nur über den einen Teil von Fertigkeiten zu verfügen, sich also beispielsweise nur durchsetzen zu können. In Beziehungssituationen werden Sie dann leicht merken, dass Sie damit an Grenzen stoßen und vielleicht mehr kaputtmachen als lösen.

Gedanken und Gefühle unterscheiden lernen

Die wichtigste Fähigkeit, um in Beziehungen Konflikte lösen zu können, ist demnach, Gefühle äußern und verstehen zu können.

Vielleicht erinnern Sie sich an unser Modell der sozialen Interaktion, das wir Ihnen auf S. 33 vorgestellt haben. Vielleicht haben Sie auch auf S. 82 selbst dieses Modell ausgefüllt. Bei dieser Übung ging es darum, sich deutlich zu machen, welchen Einfluss eine positive bzw. negative Selbstverbalisation für das Verhalten in einer Situation hat. Gleichzeitig wurde deutlich, dass die Gefühle sehr eng mit dieser Selbstverbalisation verbunden sind. Sie werden durch den Verstand, die Kognitionen, interpretiert. Für alles Verhalten, was wir zeigen, sind sie mitverantwortlich. Um sein eigenes Verhalten besser zu verstehen, vor allem aber, um es bewusst gestalten und verändern zu können, ist es darum wichtig, sich diese Gefühle zu verdeutlichen.

Wenn Sie die Übung zur Selbstverbalisation in Kapitel 3.5 durchgeführt haben, werden Sie vielleicht festgestellt haben, dass es oftmals gar nicht so leicht ist, Gedanken und Gefühle genau zu unterscheiden. Diese Schwierigkeiten sind nicht ungewöhnlich. Sie liegen vor allem daran, dass wir nicht besonders darin geübt sind, über unsere Gefühle zu reden. Wir sprechen im Allgemeinen viel darüber, was wir denken, was wir glauben, was wir gesehen und gehört haben. Aber mit welchen Emotionen das für uns verbunden ist, verschweigen wir meistens. Oftmals scheinen diese Emotionen auch zu vage oder lassen sich einfach nicht in die richtigen Worte fassen. Manchmal ist es aber auch so, dass wir ein starkes Gefühl spüren und glauben, es mit einem Wort benennen zu können, indem wir zum Beispiel sagen „Ich bin eifersüchtig".

Fühlen wir wirklich das, was wir als Gefühl benennen?

Aber ist Eifersucht wirklich ein Gefühl? Oder ist es nicht eher so, dass Eifersucht vieles sein kann: Neid, Misstrauen, Angst, Wut und anderes mehr? Zwischen diesen eigentlichen Gefühlen liegen aber mitunter Welten. Das wird deutlich, wenn wir danach fragen, welches Verhalten durch die Gefühle geweckt wird. Sind wir misstrauisch, werden wir wahrscheinlich versuchen, den anderen stärker zu beobachten und zu kontrollieren. Sind wir hingegen wütend, dann kann uns Beobachtung und Kontrolle ganz egal sein. Wahrscheinlich werden wir eher unserer Wut freien Lauf lassen oder versuchen, gegen sie anzukämpfen.

 Verschiedene Emotionen haben verschiedene Verhaltenskonsequenzen.

Nur wenn wir unsere Gefühle genau wahrnehmen können, können wir auch mit ihnen umgehen, und nur dann können wir uns entscheiden, wie wir angemessen reagieren. Haben wir das aber nicht gelernt, so tasten wir im Nebel.

4.4 Verschlüsselte Botschaften richtig deuten

Können Sie Ihre Gefühle äußern? Was ist das für eine Frage, natürlich kann ich das, werden Sie vielleicht denken. Doch überprüfen Sie einmal, ob Sie nicht doch oft Ihre Gefühle irgendwie „rational verkleiden". Damit ist gemeint, dass das, was uns tatsächlich emotional bewegt, anders mitgeteilt wird: nicht emotional, sondern rational. Das Gefühl wird dabei nur indirekt als sachliche Mitteilung ausgedrückt. Wir sagen z.b. beim Spaziergang: „Es ist kalt geworden", während wir eigentlich meinen: „Ich friere und möchte umkehren." Damit senden wir verschlüsselte Botschaften und vertrauen darauf, dass der andere sie verstehen wird. Umgekehrt glauben wir, aus den Äußerungen von anderen herauslesen zu können, welches Gefühl mit dem verbunden ist, was sie sagen. Sehen wir uns dazu ein Beispiel an.

> **BEISPIEL**
>
> Ein Mann sagt zu seiner Frau: „Du hast vergessen, die Wäsche aus der Reinigung zu holen!"

Welches Gefühl drückt dieser Mann in seinem Satz aus? Es sind verschiedene Gründe denkbar, warum er seiner Frau gegenüber diese Äußerung macht.

▶ Er ist ärgerlich.
▶ Er ist betrübt.
▶ Er ist schadenfroh.

Vielleicht fallen Ihnen selbst noch andere Möglichkeiten ein. Der eine Satz, den der Mann sagt, kann also im Grunde verschiedene Dinge bedeuten:

▶ Ich ärgere mich darüber, dass du nicht wie abgesprochen den Anzug aus der Reinigung geholt hast. Was soll ich denn nun heute Abend anziehen?
▶ Ich finde es schade, dass du vergessen hast, die Wäsche zu holen. Ich hätte gerne heute Abend den Anzug angezogen.
▶ Ich habe doch gleich gewusst, dass du es vergessen wirst. Siehst du nun endlich, dass ich mich nicht auf dich verlassen kann?

Wie seine Frau diesen einen Satz versteht, ist sicher von vielen Umständen abhängig. Es kommt darauf an, wie ihr Mann in ähnlichen Situationen sonst auch reagiert, welchen Gesichtsausdruck er hat, wie er den Satz ausspricht usw. Je nachdem wird sie seine Botschaft entschlüsseln. Und danach richtet sich auch, wie sie sich verhalten wird.

Dabei kann es aber durchaus passieren, dass sie ihren Mann falsch interpretiert. Sie kann zum Beispiel annehmen, er sei schadenfroh. Das wird sie wütend machen, und sie wird sehr gereizt reagieren. Was aber, wenn er es gar nicht so gemeint hat, wenn er es vielleicht wirklich nur schade findet, seinen Lieblingsanzug heute Abend nicht anziehen zu können? Die gereizte Reaktion seiner Frau wird ihn bestenfalls irritieren. Sie kann ihn aber auch selbst wütend machen. Auf diese Weise kann sich ein einfaches Missverständnis zu einem großen Streit auswachsen, der völlig umsonst ist und nur Verdruss bereitet.

Gefühle äußern
Um solche Missverständnisse zu vermeiden, ist es besonders in Beziehungssituationen wichtig, Gefühle möglichst eindeutig zu äußern und die „verschlüsselten Botschaften" des Partners richtig zu verstehen.

Erfahrungsgemäß fällt es Männern in der Regel viel schwerer als Frauen, eigene Gefühle zum Ausdruck zu bringen. Es gehört zur Männerrolle, „rational" zu sein, was leider oft die Folge hat, dass Männer gar nicht mehr in der Lage sind, eigene Gefühle auch nur wahrzunehmen. Wenn Sie also männlichen Geschlechts sind, sollten Sie sich mit der folgenden Übung besonders gründlich befassen. Diese Übung wird dazu beitragen, dass Sie eigene Gefühle leichtern äußern und die verschlüsselten Botschaften des Partners besser verstehen können.

UND JETZT SIE:

Übung zur Gefühlsäußerung

Sie finden im Folgenden insgesamt fünf Äußerungen von verschiedenen Personen in verschiedenen Situationen. Hinter allen diesen Äußerungen „verstecken" sich Gefühle. Ihre Aufgabe besteht darin, diese Gefühle zu entschlüsseln. Lesen Sie sich also durch, was die Personen sagen, und tragen Sie in der mittleren Spalte zunächst ein, welche Gefühle den Worten zugrunde liegen, aber unausgesprochen geblieben sind.

Achten Sie dabei darauf, ob die Gefühle, die Sie zu erkennen meinen, auch wirklich Gefühle im eigentlichen Sinn des Wortes, oder aber Interpretationen sind. „Ich habe das Gefühl, du bist zu streng" ist kein Gefühl, sondern eine solche Interpretation. Versuchen Sie also, so eindeutig wie möglich zu sein, und bemühen Sie sich darum, für die verschiedenen Äußerungen verschiedene angemessene Gefühle herauszufinden.

Wenn Sie merken, dass Ihnen diese Aufgabe einige Schwierigkeiten bereitet, lassen Sie sich nicht entmutigen! Sie können versuchen, sich selbst Hilfestellung zu geben, indem Sie beispielsweise fragen: „Was würde ich für ein Gefühl haben, wenn ich zu meinem Sohn (zu meiner Freundin, zu mir selbst ...) sagen würde: ..." Und wenn Sie glauben, bei einem solchen Satz überhaupt kein Gefühl zu haben, dann fragen Sie sich einfach, warum Sie dann überhaupt etwas gesagt haben.

Äußerung	Gefühl	Neu formulierte Äußerung
(1) Mutter zu ihrem Sohn, nachdem dieser seine Hausaufgaben schnell und korrekt erledigt hat: „Du bist aber wirklich lieb."		
(2) Frau zu ihrer Freundin: „In letzter Zeit lässt du dich ja überhaupt nicht mehr bei mir sehen!"		
(3) Mann zu Arbeitskollegen: „Bei soviel Schwierigkeiten könnte man wirklich resignieren und alles hinschmeißen!"		

(4) Frau zu ihrem Mann, nachdem dieser ohne Vorankündigung erst spät in der Nacht nach Hause kommt: „Wo warst du denn bloß die ganze Zeit?"		
(5) Ein Vater schimpft mit seinem Sohn. Die Mutter sagt daraufhin: „Findest du nicht, dass man mit Peter etwas verständnisvoller umgehen müsste?"		

Haben Sie fünf verschiedene Gefühle herausgefunden? Wenn ja, dann haben Sie die Aufgabe glänzend erfüllt. Nun dürfte es Ihnen keinerlei Schwierigkeiten bereiten, die Aussagen in der ersten Spalte so umzuformulieren, dass die enthaltenen Gefühle auch wirklich angesprochen werden. Für das erste Beispiel könnte eine solche Formulierung so lauten: „Ich freue mich, dass ..." oder „Ich bin stolz auf dich, weil ...". Vermeiden Sie solche Sätze wie „Das hast du ja prima hingekriegt", wenn nicht mindestens ein Nachsatz kommt, in dem Sie Ihr Gefühl ansprechen.

Mit dieser Übung haben Sie zwei Dinge trainiert, die für Beziehungssituationen sehr wichtig sind: Sie haben Gefühle aus den Äußerungen anderer Personen entschlüsselt und Sie haben ausprobiert, selbst Gefühle direkt zum Ausdruck zu bringen.

Achten Sie in der nächsten Zeit einmal genauer darauf, wie Personen, die Sie kennen, ihre Gefühle ausdrücken. Sie werden erleben, dass sie so ähnliche Formulierungen benutzen wie in dieser Übung. Wenn Sie beim nächsten Mal solchen verschlüsselten Botschaften begegnen, dann fragen Sie doch bei Ihrem Partner einfach nach, welches Gefühl er ausdrücken möchte. Versuchen Sie vor allem selbst, Ihre Gefühle direkt anzusprechen.

Wenn Sie es gut beherrschen, aus den Äußerungen von anderen Gefühle herauszulesen und selbst Ihre Gefühle mitzuteilen, verfügen Sie über wichtige Grundlagen für sozial kompetentes Verhalten in Beziehungssituationen. Üben Sie aber immer weiter. Je sicherer Sie darin sind, Ihre eigenen Gefühle zu erkennen, umso besser wird es Ihnen gelingen, sich mit anderen zu verständigen.

Mit den folgenden Übungen können Sie sich noch weiter darin trainieren, Gefühle zu benennen und in den Äußerungen anderer Personen zu erkennen. Sie werden sehen, dass es von Mal zu Mal besser klappt und dass Sie darüber hinaus lernen, Ihre Gefühle immer besser zu erkennen und zu unterscheiden.

Halten Sie Ihre Gefühle in Ihrem Tagebuch fest!
Haben Sie bereits ein Tagebuch für die Übungen in der Situation „Recht durchsetzen" angelegt? Dann übertragen Sie doch die folgende Tabelle in dieses Tagebuch.

Übung zur Gefühlsbenennung

Schreiben Sie an jedem Abend der folgenden Woche ein Gefühl auf, das Sie an dem betreffenden Tag gehabt haben. Bei dieser Übung ist es wichtig, dass Sie angenehme und unangenehme und nach und nach gerade auch die „kleinen", alltäglichen Gefühle benennen. Schreiben Sie zusätzlich auch auf, durch welches konkrete Erlebnis das Gefühl ausgelöst wurde und mit welchen Selbstverbalisationen es verbunden war.

Tag	Gefühl	Auslösendes Ereignis	Selbstverbalisation

So lernen Sie die Gefühle Ihrer Familie besser kennen...

Sie können in diese Übung auch Ihre ganze Familie einbeziehen. Probieren Sie, ob Ihre Familie an folgendem Spiel Gefallen findet. Wir nennen es „Das Schönste und das Blödeste". Die Regeln sind denkbar einfach. Jedes Familienmitglied sagt den anderen, was ihm am heutigen Tag am besten gefallen hat, was am wenigsten und was es in diesen Situationen gefühlt hat. Über das, was jeder sagt, darf nicht diskutiert werden, aber Nachfragen ist möglich. Das Spiel eignet sich für Kinder vom Vorschulalter an.

Zuerst einmal regt das Spiel dazu an, den Tag noch einmal zu überdenken. Viele kleinere Episoden, die sonst vergessen worden wären, kommen plötzlich wieder in Erinnerung, denn es kommt ja gerade darauf an, das „Schönste und Blödeste" und nicht irgendetwas zu erzählen. Jeder stellt also innerlich eine Art Rangreihe von mehreren Erlebnissen auf. Diese Rangreihe richtet sich sehr stark danach aus, welches Erlebnis die intensivsten Gefühle hervorgerufen hat. Man erinnert sich also nicht nur an einzelne Situationen in ihrem Ablauf, sondern auch an das, was diese Geschehnisse emotional bedeuteten. Das direkte Nachfragen nach den Gefühlen veranlasst dazu, diese auch in Worte zu fassen.

Das bedeutet nicht nur einen Übungseffekt für Sie selbst, sondern auch Ihre Kinder können aus diesem Spiel großen Nutzen ziehen. Sie lernen, welche Worte es überhaupt für Gefühle gibt, welche Nuancen man mit welchen Begriffen verständlich machen kann. Sie können sich dadurch besser mitteilen. Gleichzeitig wirkt sich der größere Wortschatz natürlich auch darauf aus, dass sie immer besser verstehen, was in ihnen selbst vorgeht. Sie können mit den Begriffen, die sie gelernt haben, ihre Emotionen besser „greifen".

Nicht zu unterschätzen ist auch der zweite Effekt dieses Spieles. Sie werden erleben, dass Sie auf diese Weise sehr viel mehr über die Erlebniswelt Ihrer Kinder erfahren – eine Welt, in die wir Erwachsenen oftmals weniger Einblick haben, als wir annehmen. Zugleich erfahren die Kinder vieles von der Erfahrungswelt der Erwachsenen, davon, was ihnen Kummer bereitet, was sie freut, was sie stolz oder traurig macht. Diese Welt, auch wenn sie so sehr das Leben der Kinder bestimmt, ist ihnen sonst weitgehend unbekannt und verschlossen.

UND JETZT SIE:

Familienübung

Wenn Sie dieses Spiel mit Ihren Kindern spielen wollen, dann erfordert das von Ihnen sehr viel Selbstkontrolle. Für Sie als Erwachsenen und als Elternteil gibt es darum weitere Regeln:

▶ Versuchen Sie nie, in Ihre Kinder „einzudringen"! Niemand *muss* mitspielen. Es ist auch niemand verpflichtet, alles zu erzählen.

▶ Achten Sie darauf, dass Sie Ihre Kinder mit Ihren Sorgen, Nöten und Ängsten nicht zu stark belasten! Das heißt nicht, dass Sie von solchen Gefühlen und Erlebnissen nicht erzählen sollten. Im Gegenteil: Ihre Kinder bemerken sowieso, wie es Ihnen geht, und würden darum eher an Ihrer Ehrlichkeit zweifeln oder aus Unsicherheit heraus übermäßige Ängste entwickeln. Aber wenn Sie von negativen Gefühlen oder schlechten Erfahrungen reden, dann vermitteln Sie Ihren Kindern immer das Gefühl, dass das normale Dinge im Leben sind und dass Sie stark und willens sind, diese zeitweiligen Schwierigkeiten zu lösen. Auf diese Sicherheit sind vor allem kleinere Kinder stark angewiesen.

Am besten ist es, wenn Sie diesem Spiel einen festen Platz in Ihrem Tagesablauf einräumen. Es sollte der Zeitpunkt sein, zu dem in der Regel alle zusammen sind und etwas Zeit füreinander haben, beispielsweise, wenn Sie Ihre Kinder ins Bett bringen. Wenn Ihre Kinder Vergnügen an diesem Spiel finden, dann werden Sie sehen, dass es zu einem richtigen Ritual werden kann, ohne das sie den Tag nicht mehr abschließen möchten.

4.5 Selbstsicher handeln in der Situation „Beziehungen"

Alle Übungen, die wir Ihnen bis jetzt vorgeschlagen haben, verhelfen Ihnen zur Verbesserung Ihrer Grundfähigkeit, in Beziehungssituationen Konflikte zu lösen. Wir können nun – ähnlich wie bei Situationen vom Typ „Recht durchsetzen" (S. 86 f) – Instruktionen formulieren, an denen Sie sich vor, während und nach der Beziehungssituation orientieren können.

Diese Instruktionen sind natürlich andere als die, die Sie bereits kennen. Denn das Wichtigste ist hier ja, sich Klarheit über seine eigenen Gefühle zu verschaffen, diese Gefühle mitzuteilen und aufmerksam zu sein für das, was Ihnen Ihr Partner sagt.

> **!** Selbstsicherheit heißt in einer Beziehungssituation, dass Sie in der Lage sind, ohne Scheu und ohne Aggressivität mit Ihrem Partner ins Gespräch zu kommen über das, was Sie innerlich belastet, und offen zu sein für mögliche andere Ansichten Ihres Partners.

Am Ende eines solchen Gespräches sollte zumindest folgendes Ergebnis stehen: Sie haben sich so mitgeteilt, dass es vom anderen angenommen werden kann und Sie haben Ihrerseits die Gedanken und Gefühle des anderen verstanden und können sie nachvollziehen.

Möglicherweise schaffen Sie es, sich auf einen Kompromiss zu einigen, möglicherweise müssen Sie aber auch einsehen, dass nicht immer über alles eine Einigung möglich ist. Aber gegenseitiges Verständnis macht es leichter, auch Gegensätzliches in einer Beziehung auszuhalten.

Instruktionen für selbstsicheres Verhalten in Situationen vom Typ „Beziehungen"

Vor der Situation:

▶ Machen Sie sich bewusst, was Ihr Gefühl ist (Ärger, Freude etc.).

▶ Überlegen Sie, welches konkrete Ereignis dieses Gefühl ausgelöst hat.

▶ Geben Sie sich positive Selbstinstruktionen, etwa: „Ich habe ein Recht auf meine Gefühle."

In der Situation:

▶ Bleiben Sie ganz bei Ihren Gefühlen und kommen Sie gegebenenfalls immer wieder auf Ihre Gefühle zurück. Ihre Gefühle gehören Ihnen und können von niemandem bestritten werden.

▶ Sprechen Sie Ihre Gefühle direkt an. Sagen Sie: „Ich bin jetzt…" oder „Ich … mich jetzt."

▶ Haben Sie Ihr Gefühl zum Ausdruck gebracht, erläutern Sie den Anlass. Vermeiden Sie dabei alle Verallgemeinerungen. Sagen Sie statt: „Du hast schon wieder…" oder „Du bist immer…" lieber: „Du hast heute…"! Beschreiben Sie also nur das konkrete Ereignis und bedenken Sie, dass Sie nur Ihre eigene Sichtweise beschreiben können.

▶ Versuchen Sie, die Gefühle des anderen zu verstehen. Hören Sie ihm wirklich zu. Fragen Sie nach, wenn Sie etwas nicht verstehen. Sie geben sich keine Blöße, wenn Sie Verständnis für den anderen aufbringen. Sie haben ein Recht auf Ihre Gefühle, der andere hat aber auch ein Recht auf seine Gefühle.

▶ Wenn Ihr Partner einlenkt, bringen Sie Ihre Freude darüber zum Ausdruck. Es ist kein Zeichen von Selbstsicherheit, ein Einlenken des anderen als Schwäche zu deuten und für einen Angriff zu nutzen.

- ▶ Äußern Sie ruhig auch Ihre Wünsche und Bedürfnisse, wie Ihr Partner sich in Zukunft in einer bestimmten Situation verhalten soll. Teilen Sie mit: „Ich würde mir wünschen, dass ...“ oder „... mich freuen, wenn...“. Achtung: Sie haben ein Recht, Ihre Wünsche zu äußern, aber kein Recht auf die Erfüllung dieser Wünsche.
- ▶ Zeigen Sie auch positive Gefühle wie Freude, Zufriedenheit usw., wenn Sie sie empfinden.

Nach der Situation:
- ▶ Verstärken Sie sich für jede einzelne Gefühlsäußerung, die Sie gemacht haben. Der Erfolg besteht nicht darin, dass Ihr Partner alle Forderungen erfüllt, sondern darin, dass Sie Ihre Gefühle und Wünsche zum Ausdruck gebracht haben.
- ▶ Bedenken Sie, dass Partner häufig sehr unterschiedliche Gefühle haben. Das Ziel eines Gesprächs kann nicht sein, sich auf ein Gefühl zu einigen. Sie können sich aber darüber verständigen, wie Sie mit diesen unterschiedlichen Gefühlen umgehen wollen.

Situationen meistern

Auch die Fähigkeiten, Konflikte nach Art der Beziehungssituation zu lösen, kann nur durch ständiges Üben verbessert und gefestigt werden. Als es im vorangegangen Kapitel darum ging, sich in der Situation „Recht durchsetzen“ zu üben, haben wir Sie dazu aufgefordert, nicht etwa auf solche Situationen zu warten. Allerdings könnten wir Ihnen nun nicht ehrlichen Herzens raten, Konflikte zu provozieren, damit Sie sich trainieren. Hier steht die Sache etwas anders.

 Um Konflikte in Beziehungssituationen zu lösen, ist es wichtig, den richtigen Zeitpunkt abzupassen.

Nehmen wir an, Ihr Partner will gerade zur Arbeit gehen. Er hat es eilig, weil er wieder einmal zu spät dran ist. In der Wohnung herrscht die übliche Unordnung, die er mit seinen Kleidern hinterlässt. Sie sehen das, und es ärgert Sie. Was können Sie tun?

In dieser Situation können Sie auf keinen Fall irgendetwas lösen. Ihr Partner wird kein Ohr für Ihre Befindlichkeiten haben, denn die Zeit drängt. Er muss eiligst losgehen, um überhaupt noch pünktlich zur Arbeit zu kommen. Jetzt ein Gespräch über unterschiedliche Vorstellungen von Ordnung zu beginnen, hat wenig Zweck. Allein der Versuch wird Ihnen schon Verdruss bringen.

Warten Sie darum lieber, bis Sie beide am Abend Zeit haben, über diese Sache zu reden. Nutzen Sie bis dahin die Gelegenheit, sich darüber klar zu werden, was Sie am meisten ärgert. Ist es die Unordnung an sich oder ist es eher die Tatsache, dass Sie die Unordnung beseitigen sollen? Wenn Sie sich mehr über das Wegräumen als über die Unordnung selbst ärgern, dann lassen Sie doch die Sachen einfach mal liegen.

Später, wenn Sie Zeit haben, mit Ihrem Partner zu reden, versuchen Sie ihm deutlich zu machen, welche Gefühle es bei Ihnen auslöst, dass er nicht aufräumt – und welche ausgelöst würden, wenn er aufräumte. Vermeiden Sie auf jeden Fall, ihn anzuklagen. Beschimpfungen und Anklagen sind wahre „Beziehungskiller". Verwenden Sie stattdessen so oft wie möglich das Wörtchen „ich" – und sehen Sie Ihren Partner an, wenn Sie mit ihm reden!

Wahrscheinlich fallen Ihnen, wenn Sie an Ihre Beziehungen zu Freunden, Eltern, Kindern oder Partnern denken, einige Dinge ein, die Sie stören und die Sie deshalb gern ändern möchten. Wenn Sie sich zutrauen, diese Dinge anzusprechen und die Gespräche nach der Instruktion gestalten zu können, dann raten wir Ihnen natürlich zu, das auch zu tun. Sollten Sie sich jedoch vorher noch etwas üben wollen, dann bieten wir Ihnen folgende Beispiele an.

Sie finden in den nächsten Kästen einige Situationsschilderungen. Versuchen Sie, sich in diese Situationen hineinzuversetzen. Überlegen Sie dann, wie Sie das Gespräch mit dem jeweiligen Partner gestalten würden. Unter jedem Kasten finden Sie einige Hinweise, die Sie nutzen können, wenn Sie sich nicht ganz sicher sind.

UND JETZT SIE:

Um einen Gefallen bitten

(1) Sie bitten einen guten Bekannten, Ihnen beim Umzug oder bei der Wohnungseinrichtung zu helfen. Das wird einen ganzen Samstagnachmittag in Anspruch nehmen. Sie haben ihm früher auch einmal geholfen.

(2) Sie steigen in einen vollbesetzten Bus. Da Sie sich nicht wohl fühlen, d.h. Kopfweh, Grippe, Schwindelgefühle oder Bauchweh haben, bitten Sie einen der Fahrgäste höflich, Ihnen seinen Sitzplatz zur Verfügung zu stellen.

Und wenn der andere einfach „nein" sagt?

In diesen Situationen geht es darum, eine andere Person – sei es ein Bekannter oder ein Fremder – um einen Gefallen zu bitten. Bedenken Sie, dass Sie zwar das Recht haben, eine Bitte zu äußern, dass aber der andere sie nicht erfüllen muss. Es kann durchaus passieren, dass der andere Ihnen den Gefallen entweder nicht tun kann oder nicht tun will.

Schauen Sie auf jeden Fall den anderen an, wenn Sie mit ihm sprechen. Äußern Sie Ihre Bitte und begründen Sie sie anschließend, aber entschuldigen Sie sich nicht dafür, dass Sie diese Bitte haben. Wenn der andere einwilligt, vergessen Sie nicht, sich zu bedanken.

Etwas fordern

(3) Ein guter Freund hat seit längerer Zeit Geld von Ihnen geliehen und es Ihnen aus Gleichgültigkeit noch nicht zurückgegeben, obwohl Sie ihn schon einmal darauf angesprochen haben. Sie benötigen das Geld und verlangen es zurück, obwohl Ihr Freund sich herauszuwinden versucht.

(4) In Ihrer Familie fällt Arbeit an. Sie haben bereits den Ihnen zustehenden Teil übernommen. Ihr Sohn hat sich bis jetzt gedrückt. Sie bitten ihn, ebenfalls Arbeit zu übernehmen.

Wesentlich auch hier: Sagen Sie, was Sie fühlen!

Diese beiden Situationen sind ähnlich wie die ersten beiden, nur geht es hier nicht darum, jemanden um einen Gefallen zu bitten, sondern von jemandem etwas zu fordern. Doch auch hier gilt zuallererst: Seien Sie höflich, sagen Sie, was Sie wollen und schauen Sie dabei den anderen an. Auch wenn Sie berechtigte Forderungen haben und auch wenn sich die andere Person in Ihren Augen gemein oder unverschämt verhält, müssen Sie nicht aggressiv werden! Wichtig ist in beiden Beispielen, dass Sie sagen, wie Sie sich durch das Verhalten des anderen fühlen.

Beschreiben Sie also beispielsweise in der dritten Situation Ihr Gefühl des Ausgebeutetseins. Machen Sie zugleich deutlich, dass Ihnen viel an der Freundschaft liegt, dass aber auch Ihr Freund dafür etwas tun müsse. In der vierten Situation können Sie zum Ausdruck bringen, dass Sie es unfair finden und sich sehr ärgern, wenn der Sohn nicht seinen Anteil übernimmt. Zeigen Sie ihm, dass unkooperatives Verhalten das Familienleben belastet. Benutzen Sie in beiden Situationen so oft wie möglich das Wort „ich" und vermeiden Sie das Wort „man", wenn Sie Ihre Gefühle beschreiben.

Gerade im dritten Beispiel wird deutlich, wie wichtig es ist, sich vor einer Auseinandersetzung seiner Ziele bewusst zu sein. Sie könnten nämlich auch, wenn Sie des unzuverlässigen Freundes überdrüssig wären, ganz nach der Situation „Recht durchsetzen" auf Ihrer Geldforderung bestehen, ohne dass Sie dazu noch irgendetwas erklären. Da Sie aber augenscheinlich in diesem Fall Wert auf die Freundschaft legen, empfiehlt es sich nicht, sich so zu verhalten. Nützlicher ist hier, dass Sie sagen, was Sie empfinden und was Sie von der Freundschaft erwarten.

UND JETZT SIE:

Um Verständnis bitten

(5) Sie haben mit Ihrem Partner einen ziemlichen Streit gehabt. Hinterher sehen Sie ein, dass Sie selbst doch die meiste Schuld daran hatten, und möchten gerne einlenken.

(6) Sie bitten Ihren Partner um Verständnis, dass Sie an diesem Abend schlechte Laune haben und abgespannt sind und deshalb am liebsten nichts reden möchten. Ihnen ist klar, dass Sie zu Gereiztheit und übersensiblen Reaktionen neigen.

Erklären Sie Ihrem Partner, was los ist!

Sich versöhnen können ist in jeder Beziehung wichtig. Es lässt sich nun mal nicht vermeiden, dass man Fehler macht, dass man einfach einmal schlecht drauf ist und den Partner nicht so sorgsam behandelt, wie man es eigentlich möchte. Wenn solche Ausrutscher nicht zur Gewohnheit werden, ist das im Prinzip auch nicht schlimm. Aber Sie sollten in der Lage sein, sich zu entschuldigen und die Gewitterwolken zu vertreiben. Dazu gehört, dass Sie Ihrem Partner erklären, was mit Ihnen los war. Teilen Sie also Ihrem Partner Ihre eigenen Gefühle mit und versuchen Sie, auch Ihren Partner wirklich zu verstehen. Verzichten Sie auf jeden Fall darauf, sich selbst anzuklagen. Dafür gibt es keinen vernünftigen Anlass. Ihr Verhalten hatte schließlich seine Gründe, und wenn es einfach nur schlechte Laune war. Versuchen Sie lieber, sich so darzustellen, dass Ihr Partner Ihr Verhalten verstehen kann.

Manchmal ist es besser, sich selbst bei schlechter Laune nicht auch noch anderen Leuten auszusetzen. Wenn Sie also merken, dass Sie lieber allein sein wollen, weil das Ihnen und wahrscheinlich auch Ihrem Partner am besten bekommt, dann sagen Sie das. Sie müssen sich dafür nicht entschuldigen. Aber bemühen Sie sich darum, dass Ihr Partner auch wirklich den Grund dafür versteht, dass Sie sich zurückziehen wollen. Wenn Sie in der Lage sind, Ihren Gefühlszustand zu beschreiben und zu erklären, wird er Sie verstehen können. Bitten Sie ihn also um Verständnis. Seien Sie aber auch trotz Ihrer schlechten Laune oder Abgespanntheit verständnisvoll gegenüber Ihrem Partner.

UND JETZT SIE:

Kritik äußern

(7) Sie und Ihr Partner wollen zusammen ins Kino gehen. Ihr Partner wird und wird nicht fertig. Sie haben diese Situation schon häufig erlebt und teilen Ihren Ärger mit.

(8) Bei einem gemeinsamen Essen mit Bekannten hat Ihr Partner einige für Sie sehr verletzende Äußerungen gemacht. Nachdem die Bekannten gegangen sind, sprechen Sie dies an.

Vermeiden Sie globale Beschuldigungen!

Beide Beispiele sind sich insofern ähnlich, als Sie hier Kritik an Ihrem Partner üben. Im ersten Fall ärgert es Sie, dass Ihr Partner trödelt. Sie selbst stehen vielleicht schon lange im Flur, Sie wollen endlich losgehen. Zu einem schönen Kinoabend gehört wahrscheinlich für Sie dazu, dass Sie entspannt dort ankommen und in aller Ruhe noch etwas essen oder trinken können.

Versuchen Sie vor allem, Ihre eigenen Gefühle auszudrücken. Benutzen Sie dabei das Wort „ich". Vermeiden Sie globale Beschuldigungen („Du bist immer…", „Du hast mal wieder…") und unterstellen Sie Ihrem Partner nichts.

Entscheidungen mitteilen

(9) Sie erklären Ihrem Partner (Ihren Eltern, Ihrer Wohngemeinschaft), dass Sie ausziehen und nun allein leben möchten.

Ziehen Sie nur Ihre Gefühle als Begründung heran!

Diese Situation ist in der Tat sehr heikel. Ein Auszug aus einer Familie, einer Lebens- oder Wohngemeinschaft hat oft zur Folge, dass
sich die Beziehungen zwischen den Personen ändern. Im Prinzip
gibt es zwei Möglichkeiten, warum jemand auszieht: Entweder er
setzt einen Schlussstrich unter eine Beziehung, oder er möchte nur
sich selbst verändern, ohne die Beziehung aufzugeben.

Selbst wenn Sie die erste Möglichkeit in Betracht ziehen, ist es
ratsam, die Mitteilung an den Partner als Beziehungssituation zu
betrachten. Versuchen Sie also, nur die Situation und Ihre Gefühle
als Begründung heranzuziehen, und bemühen Sie sich, ohne Beschuldigungen auszukommen.

4.6 Zusammenfassung: Behalten Sie Ihre wahren Ziele im Auge!

In jeder Beziehung hat sich im Laufe der Zeit eine „Streitkultur"
herausgebildet, eine Art Regelwerk, wie die Partner im Konfliktfall
miteinander umgehen. Diese Regeln können durchaus destruktiv
sein und mehr Probleme schaffen als lösen. Oft liegt die Ursache
darin, dass ein Partner meint (oder beide Partner meinen), man
könne Bedürfnisse und Forderungen wie ein Recht durchsetzen. In
solchen Fällen werden die Forderungen meist mit irgendwelchen
Normen begründet. Dies führt zu langen und fruchtlosen Diskussionen über die Richtigkeit und Begründetheit von Normen – aber
zu keiner für beide Seiten befriedigenden Lösung. Selbst wenn die

eigene Forderung durchgesetzt wird, der Partner also nachgibt, ist das zwar kurzfristig ein „Erfolg", langfristig wird die Beziehung aber unter solchen Ereignissen leiden.

Sobald Ihnen ein Konflikt bewusst wird, sollten Sie daher versuchen, ihn dadurch einer Lösung näher zu bringen, dass Sie Ihre eigenen Gefühle möglichst deutlich zum Ausdruck bringen. Auf diese Weise kann Ihr Partner verstehen, welche Konsequenzen sein Verhalten für Sie hat, und vielleicht selbst Lösungsvorschläge machen. Gleichzeitig sollten Sie aber versuchen, die Bedürfnisse und Beweggründe Ihres Partners möglichst gut zu verstehen. Sie müssen also auch gut zuhören.

Schaffen es beide Partner, ihre Wünsche und Bedürfnisse auf diese Weise zum Ausdruck zu bringen, und hören beide wirklich gut zu, findet sich oft von ganz allein eine Lösung, die für beide befriedigend ist.

Mehr noch als in Situationen vom Typ „Recht durchsetzen" ist der „Erfolg" in Beziehungssituationen auch vom Partner abhängig, zumindest dann, wenn man die Durchsetzung eigener Bedürfnisse als Erfolgskriterium nimmt.

> **!** In Situationen vom Typ „Beziehungen" hat jeder die gleichen Rechte. Jeder hat ein Recht auf seine eigenen Gefühle, Bedürfnisse, Wünsche und Forderungen. Keiner hat jedoch das Recht auf die Erfüllung seiner Forderungen. Wird dies akzeptiert, ist auch klar, dass in einer Partnerschaft nicht alle Differenzen ausgeräumt und nicht alle Konflikte gelöst werden können.
>
> Je mehr sich die beiden Partner aber einander mitteilen und je besser sie die Gefühle und Bedürfnisse des anderen verstehen, desto eher können Unterschiedlichkeiten in den Bedürfnissen und Empfindungen akzeptiert werden und desto stabiler und für beide befriedigender wird die Beziehung sein.

Weiterführende Literatur

Beck, A.T. (1988). Liebe ist nie genug. Missverständnisse überwinden, Konflikte lösen, Beziehungsprobleme entschärfen. München: DTV.

Schulz von Thun, F. (1995). Miteinander reden. Reinbek: Rowohlt.

Watzlawick, P. (2000). Menschliche Kommunikation: Formen, Störungen, Paradoxien (10. Aufl.). Bern: Huber.

5 Situationen vom Typ S – um Sympathie werben

5.1 Wodurch zeichnet sich die Situation „um Sympathie werben" aus?

In diesem Kapitel werden wir uns mit den Situationen befassen, die in mancher Hinsicht am schwierigsten sind. Während wir uns bei Situationen vom Typ „Recht durchsetzen" eigentlich nur auf unsere Forderung konzentrieren und diese dann immer wieder nach Art einer tibetanischen Gebetsmühle wiederholen müssen, ohne uns mit den Argumenten unseres Gegenüber zu befassen, müssen wir in den Situationen, um die es jetzt geht, sehr flexibel auf die Situation und auf das, was der andere sagt, reagieren.

BEISPIEL

Kontaktaufnahme:
Sie gehen in ein Café und sehen dort eine attraktive Person, die Sie gerne kennen lernen möchten.

Bevorzugte Behandlung:
Sie brauchen dringend einen neuen Personalausweis, erhalten aber die Auskunft, dass die Bearbeitung vier Wochen in Anspruch nehmen wird. Das dauert Ihnen zu lange, und Sie versuchen, den Beamten dazu zu bewegen, Ihren Antrag schneller zu bearbeiten.

Achtung: Sie haben keine Rechte!

Beiden Situationen ist gemeinsam, dass Sie dabei keinerlei Rechte auf Ihrer Seite haben – außer das Recht, zu *versuchen*, einen Kontakt anzuknüpfen bzw. den Beamten zu einer bevorzugten Behandlung zu bewegen. Ihr jeweiliges Gegenüber hat dagegen alle Rechte auf seiner Seite! Es kann auf Ihr Anliegen eingehen, kann Sie eine Weile zappeln lassen – und auch auf Ihr Anliegen überhaupt nicht eingehen. Zum Erfolg können Sie in diesen Situationen nur dann kommen, wenn Sie es schaffen, bei dem anderen (der attraktiven Person bzw. dem Beamten) den Eindruck von Sympathie zu wecken. Er wird dann auf Ihr Anliegen (freiwillig) eingehen, wenn er Sie nett und sympathisch findet. Aber selbst wenn Sie es schaffen, bei Ihrem Gegenüber ein maximales Maß an Sympathie für sich zu erzeugen, ist damit noch nicht gewährleistet, dass Sie mit Ihrem eigentlichen Anliegen zum Erfolg kommen: Die attraktive Person wartet vielleicht gerade auf ein Rendezvous mit ihrer bzw. ihrem Geliebten, oder sie hat gerade mit ihrer Freundin bzw. ihrem Freund Schluss gemacht und hat erst einmal von Beziehungen die Nase voll. Der Beamte behandelt möglicherweise ganz grundsätzlich nie jemanden bevorzugt.

Sie können also mit Ihrem Verhalten experimentieren, sollten sich dabei aber immer bewusst sein, dass auch ein optimales Verhalten Ihrerseits keinen Erfolg garantiert.

Wenn Sie etwas verkaufen wollen...

Hinzu gehört zum Typ „um Sympathie werben" noch eine weitere Kategorie von Situationen, die wahrscheinlich für die meisten Menschen nicht so sehr relevant ist, und zudem bei vielen ein negatives Image hat. Wir meinen das „Verkaufen".

Ein Verkäufer kann nur erfolgreich sein, wenn er es schafft, bei seinen Kunden Sympathie zu erzeugen. Der Kunde muss überhaupt nichts kaufen, er hat im Gegenteil alle Rechte auf seiner Seite. Deshalb ist ein guter Verkäufer in aller Regel auch ein guter Zuhörer, denn er weiß, dass er nur dann bei Ihnen den Eindruck hervorrufen wird, dass dieser Verkäufer „ja eigentlich ein ganz netter Mensch ist, der verstanden hat, was ich will". Ein guter Verkäufer hat gelernt, dass er in erster Linie sich selbst verkaufen muss. Die Vorzüge des Produkts sind längst nicht so wichtig, wie die meisten Leute immer meinen. Sie sind wahrscheinlich sogar oft ziemlich unwichtig.

Machen Sie doch einmal einen Versuch: Überlegen Sie sich irgendeinen höherwertigen Gegenstand, der Sie vielleicht interessieren könnte (Auto, Computer, Camcorder oder etwas Ähnliches), gehen Sie in verschiedene Geschäfte und lassen Sie sich beraten. Lassen Sie sich aber auf keinen Fall zu einem Kauf überreden! Haben Sie drei bis vier Beratungen hinter sich, bilden Sie eine Rangreihe der Verkäufer. Welcher hat Ihnen am besten, welcher am wenigsten gefallen?

Und dann überlegen Sie, was den guten und was den schlechten Verkäufer ausgezeichnet hat. Sie werden wahrscheinlich feststellen, dass der gute Verkäufer sich vor allem für Sie, für Ihre Wünsche, Vorstellungen und Bedürfnisse interessiert hat und nicht versucht hat, Ihnen die Entscheidung aus der Hand zu nehmen, während bei der „Beratung" des schlechten Verkäufers die Vorzüge seines favorisierten Produkts im Vordergrund gestanden haben.

Aufdringlichkeit macht nicht sympathisch

Sie werden jetzt vielleicht einwenden, dass die Vertreter, die in vielen Gegenden in Scharen an die Haustür kommen, diesem Bild eines Verkäufers meist ganz und gar nicht entsprechen. Sie verhalten sich in aller Regel aufdringlich und reden furchtbar viel. Damit haben Sie natürlich völlig Recht. Solche Vertreter sind keine guten Verkäufer, sie haben auch keinerlei Interesse an einer langfristigen Kundenbindung, was das primäre Anliegen eines guten Verkäufers sein sollte. Vertreter verfolgen eher die Politik der „verbrannten Erde", sie durchziehen ein Wohngebiet nach dem anderen, und ih-

nen ist es deshalb völlig gleichgültig, ob sie zufriedene oder unzu-
friedene Kunden zurücklassen. Das einzig wichtige Kriterium ist
der Umsatz.

Auch wenn wir der Meinung sind, dass das Verhalten eines solchen Vertreters dem eines guten Verkäufers in keiner Weise entspricht, wird bei vielen Menschen das Bild des Verkäufers durch
derartige Vertreter geprägt.

Überlegen Sie jetzt einmal, was Sie alles tun können, um bei Ihrem Gegenüber den Eindruck von Sympathie hervorzurufen. Vielleicht fällt es Ihnen leichter, darüber nachzudenken, wenn Sie den
umgekehrten Weg beschreiten: Überlegen Sie einfach, was Ihnen
andere Leute sympathisch macht.

5.2 Um Sympathie werben – aber wie?

Lächeln

Eines der wichtigsten Dinge ist Lächeln. Haben Sie schon einmal
bemerkt, welche Wirkung das Lächeln eines kleinen Babys auf die
meisten Leute hat? Die Wirkung von lächelnden Erwachsenen ist
gar nicht so sehr anders.

UND JETZT SIE:

Erste Übung
Stellen Sie sich vor den Spiegel und lächeln Sie. Wenn Ihnen das
schwer fällt, versuchen Sie, sich an etwas sehr Angenehmes zu
erinnern, und probieren Sie es noch einmal. Bemühen Sie sich,
mit dem ganzen Gesicht zu lächeln. Benutzen Sie nicht nur die
Mundwinkel, sondern beziehen Sie auch die Augen mit ein. Die
Augen sind beim Lächeln ganz wichtig, denn daran unterscheiden die meisten Leute ein unechtes, aufgesetztes Lächeln von
einem echten. Probieren Sie ruhig beides einmal aus, und be-

---

obachten Sie den Unterschied. Üben Sie das bitte so lange, bis Sie ganz gezielt lächeln können. Beobachten Sie dabei auch einmal Ihre eigene Stimmung. In vielen Untersuchungen hat sich gezeigt, dass selbst ein willentlich aufgesetztes Lächeln auf das eigene Empfinden eine positive Wirkung hat.

Zweite Übung

Probieren Sie das jetzt bitte einmal mit einer realen Person. Eine Gelegenheit kann z.b. sein: eine Fahrt im Bus, Zug oder Straßenbahn, ein Fest, auf dem Sie einige der Anwesenden noch nicht kennen, oder etwas Ähnliches. Suchen Sie Blickkontakt mit einer Person, die Sie noch nicht kennen, und beginnen Sie, leicht zu lächeln. Sie werden die Erfahrung machen, dass die allermeisten Menschen zurücklächeln. Manche werden allerdings vielleicht auch etwas verlegen sein. Auf jeden Fall werden Sie feststellen, dass Sie damit eine Wirkung erzielen.

Haben Sie zumindest die erste Übung jetzt wirklich durchgeführt? Vielleicht denken Sie, dass solche Übungen ja gar nicht so schlecht sind, dass Sie aber lieber dann so etwas machen werden, wenn die Gelegenheit günstig ist. Bedenken Sie jedoch, dass das oft nur ein Argument dafür ist, erst einmal nichts zu tun. Außerdem ist gerade das *bewusste, planmäßige* Herangehen für eine Verhaltensänderung ganz wichtig.

EXKURS

Die Macht des Lächelns

Lächeln ist spezifisch menschlich. Eines der berühmtesten Gemälde der Welt ist die „Mona Lisa" von Leonardo da Vinci. Seine Berühmtheit verdankt es zu einem ganz wesentlichen Teil dem dargestellten geheimnisvollen Lächeln. Ein lächelndes Gesicht hat die Menschen schon immer fasziniert. Das liegt vielleicht auch daran, dass Lachen etwas spezifisch Menschliches ist.

Zwar gibt es bei Affen in Form des Zähnebleckens eine Geste, die den Artgenossen Freundlichkeit signalisiert, Lachen im eigentlichen Sinne kann aber nur der Mensch.

Lächeln weckt Vertrauen. Mittlerweile hat sich auch die Forschung intensiv mit dem menschlichen Lachen beschäftigt. Man hat festgestellt, dass lächelnde Menschen nicht nur als freundlichere und attraktivere Personen wahrgenommen, sondern auch als vertrauenswürdiger eingeschätzt werden. Eine interessante Studie wurde dazu in den USA durchgeführt. Studenten wurden gebeten, über eine fiktive Kommilitonin zu urteilen, die in einer Klausur geschummelt habe. Die Hälfte der Versuchspersonen bekam ein Foto der Kommilitonin vorgelegt, auf dem diese lächelt, die andere Hälfte ein Foto, auf dem sie nicht lächelt. Im ersten Fall wurde das Vergehen milder beurteilt, obwohl beiden Gruppen bewusst war, dass im Ausmaß der objektiven Schuld kein Unterschied bestand.

Lächeln – auch die Augen sind beteiligt. Heute ist man in der Lage, mit speziell entwickelten Geräten die Muskelbewegungen des menschlichen Gesichts auf 1/50 Sekunde genau aufzuzeichnen. Mit Hilfe solcher Methoden lässt sich das menschliche Lächeln sehr differenziert erfassen. Auf diese Weise kann man heute viele verschiedene Arten des Lächelns unterscheiden. Der Unterschied zwischen einem echten spontanen Lächeln und einem künstlichen liegt z.B. darin, dass bei letzterem nicht die Wangen hochgezogen werden und um die Augen herum nicht diese kleinen Fältchen entstehen, die auch als „Krähenfüße" bekannt sind.

Lächeln ist für jede Kommunikation entscheidend. Dass Lächeln in der zwischenmenschlichen Kommunikation eine ganz überragende Rolle spielt, mag auch der Umstand verdeutlichen, dass sich bei der Kommunikation im Internet sehr schnell Symbole für Lächeln eingebürgert haben, um den Mangel der nicht wahrnehmbaren Mimik auszugleichen.

Verstärken

„Verstärkende Verhaltensweisen" nennen die Psychologen solche Verhaltensweisen, die von dem jeweiligen Gegenüber als angenehm empfunden werden. Insofern gehört das Lächeln des vorigen Abschnitts eigentlich auch zu den verstärkenden Verhaltensweisen.

UND JETZT SIE:

Überlegen Sie jetzt einmal, welche Verstärker es in einer zwischenmenschlichen Kommunikation gibt. Dabei ist es wahrscheinlich hilfreich, wenn Sie sich gedanklich in eine Situation versetzen, in der Sie Ihren Gesprächspartner als sehr angenehm und wohltuend erlebt haben:

Verhalten 1:

Verhalten 2:

Sicher sind Ihnen jetzt Verhaltensweisen aufgefallen, die man zum „guten Zuhören" rechnet, z.B. Interesse zeigen, nachfragen, Blickkontakt, mit dem Kopf nicken oder „Hmm" sagen, um anzuzeigen, dass man das Gesagte verstanden hat, das Gesagte mit eigenen Worten zusammenfassen (reflektierendes Zuhören) etc. Solche Verhaltensweisen bewirken, dass der andere sich angenommen und verstanden fühlt, und nebenher steigert es auch die Sympathie für den Gesprächspartner. Auch Komplimente machen ist in diesem Zusammenhang eine wirksame Strategie. Oft ist es auch hilfreich, eigene Schwächen und Fehler zuzugeben. Mit einem Wort: Alles ist sinnvoll, was das Selbstwertgefühl des Interaktionspartners steigert.

Alle diese Verhaltensweisen werden Sie nur dann Ihrem Ziel näher bringen, wenn Ihr Gegenüber Ihnen das Verhalten „abnimmt".

Hat Ihr Interaktionspartner dagegen den Eindruck, Sie spielen ihm nur etwas vor, um Ihr Ziel zu erreichen, wird er wahrscheinlich nicht auf Ihr Anliegen eingehen. Erlebt Ihr Gegenüber Ihr Verhalten als „Einschleimen", haben Sie also etwas falsch gemacht und Ihre Erfolgsaussichten gemindert – denn auch in diesen Situationen gilt: Verhalten muss echt und authentisch sein, um wirklich als sozial kompetent erlebt zu werden.

Ohnehin dürfen Sie nie vergessen, dass der andere alle Rechte auf seiner Seite hat und es daher nie eine Erfolgsgarantie gibt, auch dann nicht, wenn Sie sich perfekt verhalten.

EXKURS

Verstärkungslernen

Verstärkungsexperimente. Das Lernen durch Verstärkung – auch instrumentelles Lernen genannt – ist bei Mensch und Tier eines der wichtigsten Lernprinzipien. Es wurde vor allem von den amerikanischen Psychologen Thorndike und Skinner untersucht. Als Versuchstiere dienten vorwiegend Ratten und Tauben. Bei einem typischen Experiment wird eine Ratte in einen Käfig gesetzt, in dem sich ein Hebel befindet. Beim Erkunden des Käfigs wird sie irgendwann zufällig diesen Hebel drücken und erhält daraufhin eine Futterpille. Schnell wird sie den Zusammenhang „verstehen" und wiederholt den Hebel drücken. Das Futter – der Verstärker – erhöht die Häufigkeit des Hebeldrückens. Die Ratte hat das Hebeldrücken *gelernt*.

Primäre und sekundäre Verstärker. Futter und andere Belohnungen, die primäre biologische Bedürfnisse befriedigen, werden „primäre Verstärker" genannt. Man kann aber auch andere Reize mit diesen primären Verstärkern verknüpfen; dies sind dann „sekundäre Verstärker". Der wichtigste sekundäre Verstärker für den Menschen dürfte wohl das Geld sein.

▶

Am wirksamsten ist die Verstärkung (und auch die Bestrafung), wenn sie möglichst unmittelbar auf das Verhalten folgt.

Intermittierende Verstärkung. Wird das erlernte Verhalten nicht mehr verstärkt, wird dieses Verhalten allmählich verschwinden. Dieser Löschungsprozess wird langsamer vonstatten gehen, wenn vorher intermittierend verstärkt worden ist. Intermittierende Verstärkung bedeutet, dass nicht jedes Auftreten des Verhaltens verstärkt wird, sondern beispielsweise nur jedes zweite oder dritte. Ein praktisches Beispiel für intermittierende Verstärkung sind z.B. Glücksspielautomaten, in denen die Gewinne oftmals nach ausgeklügelten Verstärkerplänen ausgeschüttet werden.

Negative Verstärkung. Verhalten kann nicht nur durch Hinzufügen einer Belohnung, sondern auch durch Wegnahme eines unangenehmen Reizes gelernt werden. So wird eine Ratte z.B. schnell lernen, beim Ertönen einer Glocke über eine Barriere zu springen, wenn sie damit einen elektrischen Schlag vermeidet (negative Verstärkung).

Bestrafung. Im Prinzip kann Verhalten durch Bestrafung (Hinzufügen eines unangenehmen Reizes) auch verlernt werden. Bestrafung ist im Tierexperiment durchaus eine erfolgreiche Methode der Verhaltensänderung. Außerhalb der experimentellen Situation ist die Anwendung von Bestrafung allerdings problematisch, denn hier ist es in der Regel nicht möglich, jedes Auftreten des unerwünschten Verhaltens zu bestrafen – und eine nur gelegentliche Bestrafung kann schnell als intermittierende Verstärkung wirken. Auch wird man in der Praxis oft nicht unmittelbar bestrafen können, sondern nur mit einer zeitlichen Verzögerung, was die Wirkung deutlich reduziert. Es ist daher viel sinnvoller und effektiver, mit Belohnungen statt mit Bestrafungen zu arbeiten.

Im Folgenden finden Sie eine Situation, die Sie bitte innerhalb der nächsten zwei Tage durchführen sollten. Schauen Sie dabei auf die Uhr und kontrollieren Sie, wie lange die Unterhaltung gedauert hat:

Sie rufen eine/n Bekannte/n an, zu der/m Sie sehr lange Zeit überhaupt keinen Kontakt mehr hatten. Fragen Sie zunächst, ob er/sie etwas Zeit für Sie hat. Sollte die/der andere gerade keine Zeit haben, vereinbaren Sie einen Termin, zu dem Sie wieder anrufen. Im Gespräch versuchen Sie dann, Ihre/n Gesprächspartner/in zum Reden zu bringen. Fragen Sie nach, zeigen Sie Interesse, machen Sie Komplimente, wenn sie in den Zusammenhang passen, und versuchen Sie, sich ganz in die andere Person zu versetzen und zu verstehen, was der andere sagt, und mitzuteilen, was Sie verstanden haben.

Haben Sie die Situation durchgeführt, beantworten Sie bitte noch ein paar Fragen:

(1) Ist es Ihnen sehr schwer gefallen, den Anruf zu tätigen?

_____

(2) Jetzt überlegen Sie, was Sie dabei gut gemacht haben:

1. _____

2. _____

3. _____

Zu Frage (1): (Ist es Ihnen sehr schwer gefallen, den Anruf zu tätigen?) Sie haben diese Frage mit „ja" beantwortet? Haben Sie dabei vielleicht ein schlechtes Gewissen gehabt, weil Sie das Gefühl hatten, die andere Person zu manipulieren? Viele Menschen haben mit solchen Situationen Schwierigkeiten – nicht, weil sie die dabei wichtigen Verhaltensweisen nur unzureichend beherrschen, sondern weil sie es aus ethischen Gründen nicht gutheißen können, andere Leute auf diese Weise zu „manipulieren". Wenn Sie auch zu diesen Leuten gehören, sollten Sie sich vergegenwärtigen, dass in *jeder* sozialen Interaktion *beide* Interaktionspartner von dem jeweiligen Gegenüber beeinflusst, also in gewissem Sinne „manipuliert" werden. Das ist das Wesen einer sozialen Interaktion! Den „schlechten Beigeschmack" bekommt dieser Vorgang für viele Menschen nur deshalb, weil die Beeinflussung bei dieser Art der Kommunikation bewusst und gezielt stattfindet. Ob Sie das angestrebte Ziel vor sich vertreten, also diesen Einfluss bewusst ausüben können, müssen Sie natürlich ganz allein entscheiden. Aber allein bei dieser Entscheidung, ob Sie das Ziel wirklich anstreben wollen, spielen moralische Erwägungen eine Rolle. Die Mittel, die Sie in dieser sozialen Interaktion einsetzen, sind dagegen an sich moralisch weder „gut" noch „böse", denn gegen den Willen des Interaktionspartners können Sie ohnehin nichts erreichen.

Zu Frage (2): (Was habe Sie dabei gut gemacht?) Vielleicht ist Ihnen zuerst das eingefallen, was nicht so gut gelaufen ist. Den meisten Menschen geht das so. Dabei ist es ganz wichtig, dass Sie lernen, Ihr Augenmerk auf das zu richten, was Ihnen gut gelungen ist. Wie schon mehrfach (z.B. auf S. 45 f) ausgeführt, ist positive Verstärkung für eine effektive Verhaltensänderung viel wichtiger als Bestrafung, und das Hervorheben der kritikwürdigen Punkte wird als Bestrafung erlebt.

Etwas von sich erzählen

Die ganze Zeit haben wir davon geredet, wie wichtig das Zuhören ist, warum sollen wir jetzt plötzlich etwas von uns erzählen? Schon weiter oben haben wir ausgeführt, dass es in solchen Situationen durchaus sinnvoll ist, eigene Fehler und Schwächen zuzugeben. Auch damit erzählen wir ja etwas von uns selbst.

Wichtig ist hier nicht, möglichst viel von sich zu erzählen (das wäre im Gegenteil ganz falsch), sondern wichtig ist die gezielte Preisgabe von Informationen. Ein Dialog – und das ist ja das erklärte Ziel – kann nur dann zustande kommen, wenn von *beiden* Seiten Informationen eingebracht werden.

Besonders bei der Kontaktaufnahme, wenn Sie also zum ersten Mal mit jemandem sprechen, kann es wichtig sein, dem anderen gezielt Informationen zu liefern, damit Ihr Gegenüber daran anknüpfen und vielleicht auch nachfragen kann. Hört man ausschließlich zu und gibt keinerlei Informationen von sich selbst preis, hat der andere – selbst bei bestem Willen – gar keine Chance, mit Ihnen in einen Dialog zu kommen. Auch kann es passieren, dass Ihr Gegenüber sich von Ihnen ausgehorcht fühlt.

Sinnvoll ist es hier also, kleine „Informationshäppchen" einzubringen und dann darauf zu achten, ob der andere etwas damit anfängt. Überhaupt nicht sinnvoll ist es dagegen, in einen längeren Monolog zu verfallen. Manche Leute machen das, weil sie Angst haben, es könnte eine Pause entstehen. Pausen im Gespräch können aber durchaus ein kreatives Element sein. Beide Partner haben dann Zeit, über das Gesagte nachzudenken und sich zu überlegen, wie es weitergehen könnte. Haben Sie deshalb Mut zur Pause. Lassen Sie ruhig Ihren Interaktionspartner die Pause beenden.

Fällt es Ihnen sehr schwer, Gesprächspausen zu ertragen, sollten Sie es einmal ganz gezielt üben. Sie werden feststellen, dass die anderen meist sehr darum bemüht sind, diese Pausen zu überbrücken, und Sie eigentlich nur abwarten müssen.

5.3 Selbstsicher handeln in der Situation „um Sympathie werben"

Ähnlich wie in den vorangegangenen Kapiteln wollen wir auch hier die wichtigsten Punkte zum Verhalten in Situationen vom Typ „um Sympathie werben" als Instruktionen zusammenfassen.

Instruktionen für selbstsicheres Verhalten in Situationen vom Typ „um Sympathie werben"

Vor der Situation:

▶ Geben Sie sich selbst positive Instruktionen: „Ich habe das Recht darauf, jemand anderen anzusprechen", oder: „Es ist mein gutes Recht, einen Versuch zu machen ..."

In der Situation:

▶ Die wichtigste Technik, um einen Sympathiegewinn zu erzielen, ist die allgemeine Verstärkung des anderen: interessiert zuhören, nachfragen, „Komplimente" machen, freundlich anlächeln, eventuell auch eigene Fehler und Schwächen zugeben.

▶ Hat man ein spezielles Ziel, kann man dann zur gezielten Verstärkung übergehen, d.h. jede Äußerung des anderen verstärken, die einen Schritt in Richtung der eigenen Position bedeutet.

Darüber hinaus gibt es für Kontaktaufnahmesituationen noch einige Taktiken, die sich als hilfreich erweisen:

▶ Nehmen Sie Blickkontakt auf. Lächeln Sie.

▶ Konzentrieren Sie sich ganz auf die konkrete Situation. Achten Sie auf die Dinge und Personen, die Sie hören und sehen. Die konkrete Situation liefert oft Themen für einen Gesprächsbeginn.

▶ Suchen Sie gezielt nach persönlichen Äußerungen Ihres Partners. Verstärken Sie diese Äußerungen und fragen Sie nach! Auf diese Weise können Sie den Kontakt zunehmend persönlicher gestalten. Der Anfang wird fast immer eher oberflächlich sein.

▶ Erzählen Sie auch etwas von sich. Nur wenn Sie dem anderen Informationen über sich selbst liefern, geben Sie ihm auch Gelegenheit, Sie selbst und die Situation angemessen einschätzen zu können.

> Sollte der andere keinerlei Interesse an einem Gespräch zeigen, dann denken Sie daran, dass das sein gutes Recht ist und absolut nichts mit dem Wert oder der Attraktivität Ihrer Person zu tun haben muss!

Nach der Situation:
> *Verstärken* Sie sich für jeden Versuch und für jeden Fortschritt, auch wenn er noch so klein ist!

Denken Sie daran:
Um Sympathie werben kann keine Garantie dafür sein, sie auch zu gewinnen!

Neue Verhaltensweisen müssen geübt werden

UND JETZT SIE:

Nachfolgend sind einige Beispielsituationen aufgeführt. Lesen Sie sich diese Situationen zuerst durch und schätzen Sie ein, für wie schwierig Sie sie halten. Geben Sie der schwierigsten eine Eins und der leichtesten eine Sechs. Wählen Sie jetzt eine dieser Situationen aus und führen Sie diese innerhalb der nächsten Woche durch. Bitte nehmen Sie sich wirklich eine Situation vor und warten Sie nicht ab, bis sich vielleicht zufällig eine Möglichkeit ergibt.

Situation	Instruktion	Schwie-rigkeit
(1) Gehen Sie in ein Café (oder eine Kneipe) und lächeln Sie eine Person an ihrem Tisch (oder am Nebentisch oder an der Theke) an. Machen Sie dann eine Bemerkung, die ein Gespräch einleiten könnte.	Lassen Sie sich Zeit, schauen Sie zunächst alle Leute Ihrer Umgebung an und suchen Sie sich jemanden heraus, der offenbar ohne Begleitung und Ihnen sympathisch ist. Am einfachsten ist der Gesprächsbeginn, wenn Sie auf etwas aus der konkreten Umgebung (oder dem aktuellen Geschehen) Bezug nehmen.	☐
(2) Rufen Sie bei einem Geschäft (oder einem Kino, Theater, Reisebüro oder etwas Ähnlichem) an und erkundigen Sie sich nach einem Produkt (einem Film, Theaterstück ...) und nach Preisen, Öffnungs-, Anfangszeiten etc.	Seien Sie freundlich, fragen Sie nach und zeigen Sie Interesse. Machen Sie ein Kompliment, wenn der andere sich informiert zeigt. Versuchen Sie, wirklich in ein Gespräch zu kommen. Bedanken Sie sich für die Auskünfte.	☐

▶

Situation	Instruktion	Schwie-rigkeit
(3) Sagen Sie zu drei Leuten, die Sie bisher noch nie gegrüßt haben, „Guten Tag" (oder „Guten Morgen", „Guten Abend" – je nach Tageszeit).	Lächeln Sie die Person, die Sie grüßen, freundlich an und beobachten Sie die Reaktion des Gegrüßten. Seien Sie nicht verzagt, wenn Sie den Gruß nicht zurückbekommen.	☐
(4) Überlegen Sie sich etwas, wofür Sie einen Rat gebrauchen könnten (Haushalt, Arbeit, Auto oder etwas Ähnliches). Fragen Sie jemand an Ihrer Arbeitsstelle oder aus der Nachbarschaft, mit dem Sie bisher wenig gesprochen haben, um Rat.	Achten Sie darauf, ob der Angesprochene freundlich reagiert, wenn Sie ihn ansprechen. Reagiert er freundlich, versuchen Sie das Gespräch etwas auszudehnen, ist er aber offensichtlich gerade im Stress, versuchen Sie, einen anderen Termin zu vereinbaren.	☐
(5) Überlegen Sie sich etwas, das Sie nicht im Haushalt haben, das Sie aber unbedingt für einen bestimmten Zweck benötigen. Lassen Sie sich von einem Nachbarn aushelfen.	Kommt Ihnen der Nachbar freundlich entgegen, versuchen Sie, in ein Gespräch zu kommen.	☐

▶

Situation	Instruktion	Schwie-rigkeit
(6) Sprechen Sie auf der Straße einen der Vorübergehenden an und lassen Sie sich 20 Cent (z.b. zum Telefonieren oder für einen Fahrkartenautomaten) *schenken.*	Bringen Sie zunächst nur Ihr Anliegen vor und benutzen Sie das Wort „schenken". Begründen Sie Ihr Anliegen damit, dass Sie Ihre Geldbörse vergessen hätten bzw. nicht über genügend Kleingeld verfügen.	☐

Haben Sie sich alle Situationen durchgelesen? Dann entscheiden Sie sich bitte jetzt für eine von ihnen und tragen Sie die entsprechende Nummer hier ein:

Ich werde in der kommenden Woche Situation ... durchführen.

Ähnliche Praxisübungen waren auch schon in den vorhergehenden Kapiteln vorgesehen. Wenn Sie sie durchgeführt haben, werden Sie jetzt keine Schwierigkeiten mehr damit haben. Aber vielleicht erscheint Ihnen ein solches Vorgehen, Verhalten bewusst zu üben, immer noch als künstlich und „unnatürlich". Wir möchten deshalb hier noch einmal darauf hinweisen, dass man Verhaltensgewohnheiten nur dadurch verändern kann, dass man sich ganz bewusst und gezielt anders verhält, dass man etwas Neues ausprobiert, dass man mit seinem Verhalten „experimentiert".

Überfordern Sie sich nicht!
Es hilft nichts, sich vorzunehmen: „Ab morgen mache ich alles ganz anders". Viel sinnvoller ist es, sich kleine triviale Situationen herauszusuchen und in diesen neue Verhaltensweisen einzuüben.

Solche Situationen sollten auch nicht allzu bedeutungsvoll sein. Sie würden es sich selbst schwer machen und sich auch überfordern, wenn Sie für eine erste Übung eine ganz wichtige Situation (etwa ein Vorstellungsgespräch) auswählen würden.

> **!** Wichtig ist nicht, dass Sie sich eine besonders schwierige Situation aussuchen. Es kommt vielmehr darauf an, dass Sie sich überhaupt für eine entscheiden und diesen Vorsatz in die Tat umsetzen.

Wenn Sie eine Situation bewusst durchlebt und gestaltet, also durchgeführt haben, ist das – unabhängig vom Ausgang – ein großartiger Beginn. Auch wenn der Angesprochene sich nicht Ihren Erwartungen entsprechend verhalten haben sollte und vielleicht mürrisch und abweisend reagiert hat, mindert das nicht Ihre Leistung, den Versuch unternommen zu haben. Denn anders als in Situationen vom Typ „Recht durchsetzen" haben Sie in diesen Situationen keine Machtmittel in der Hand, mit denen Sie den anderen zu etwas zwingen können.

> **!** Der Erfolg in Situationen vom Typ „um Sympathie werben" misst sich nicht am Verhalten der Angesprochenen sondern an Ihrem eigenen.

Auch wenn Sie sich in jeder Hinsicht perfekt verhalten, kann es passieren, dass der andere – aus welchen Gründen auch immer – sich nicht Ihren Erwartungen entsprechend verhält.

Haben Sie eine Situation durchgeführt, sollten Sie noch weitere – vielleicht auch schwierigere – angehen. Sie können dazu auf die oben aufgelisteten Vorschläge zurückgreifen, sich selbst Situationen ausdenken oder auch eine Gelegenheit beim Schopfe packen, die sich zufällig ergibt. Sie sollten sich allerdings nicht überfordern und sich nicht zu viel vornehmen. Wenn Sie alle paar Tage eine Situation durchführen, ist das eine ganze Menge.

Kontrollieren Sie Ihre Fortschritte

Mehrfach haben wir schon angeregt, eine Art Tagebuch zu führen. Wir möchten das an dieser Stelle noch einmal aufgreifen. Mit einem solchen Tagebuch haben Sie eine gute Kontrolle über Ihre Fortschritte.

☞ | **UND JETZT SIE:**

Sie sollten immer, wenn Sie eine Situation bewusst angegangen sind, die folgenden Fragen beantworten:

(1) Welche Situation habe ich durchgeführt?

_____

(2) Wo und wann habe ich die Situation durchgeführt?

_____

(3) Wie zufrieden bin ich mit meinem Verhalten (sehr zufrieden/weitgehend zufrieden/eher zufrieden/eher unzufrieden)?

_____

(4) Wie habe ich mich vor der Situation gefühlt?

_____

(5) Wie habe ich mich nach der Situation gefühlt?

_____

(6) Wie haben die anderen Personen reagiert?

_____

(7) Welche Situation nehme ich mir als nächste vor?

_____

Es gibt nicht für jede Situation eine Übung

Wir sind jetzt am Ende der Übungen zu Situationen vom Typ „um Sympathie werben" angelangt. Die Beispielsituationen gehören alle zur Kategorie „Kontaktaufnahme". Weder gibt es Situationen der Kategorie „bevorzugte Behandlung" noch solche der Kategorie „Verkaufen". Die Ursache hierfür liegt darin, dass sich derartige Situationen nur schwer gezielt herbeiführen lassen. Wenn Sie nicht im Vertrieb tätig sind, haben Sie normalerweise nichts zu verkaufen, und wenn doch, dann wird das eher ein einmaliges Ereignis sein.

Schwierig ist es auch mit Situationen der Kategorie „bevorzugte Behandlung". Hier müssten Sie sich selbst Situationen ausdenken. Sie können sich dabei an den folgenden Beispielen orientieren.

UND JETZT SIE:

Übungssituationen für die Kategorie „bevorzugte Behandlung"

(1) Sie kommen zu Ihrem Auto und sehen, dass eine Politesse oder ein Polizist gerade eine Verwarnung schreibt. Versuchen Sie, sie/ihn dazu zu bewegen, davon abzusehen bzw. sie zurückzunehmen.

Das gelingt zwar nur selten, ist aber andererseits nach unserer Erfahrung auch nicht ganz aussichtslos.

(2) Sie benötigen etwas von einer Behörde. Die normale Bearbeitungszeit ist in Ihrem Fall zu lang: Sie brauchen einen neuen Personalausweis, Reisepass, Steuerbescheid oder Ähnliches schneller.

(3) Sie bitten Ihren Chef um einen Gefallen, z.B. um einen zusätzlichen und außerplanmäßigen Urlaubstag.

(4) Sie haben Ihr Portemonnaie vergessen, müssen aber dringend telefonieren. Sie sprechen einen Passanten an und bitten ihn, Ihnen 20 Cent zu schenken.

5.4 Zusammenfassung: Hören Sie nicht auf zu üben!

Es gibt insgesamt drei Arten von Situationen, in denen es darum geht, die Sympathie des Interaktionspartners zu gewinnen:
(1) Kontaktaufnahmesituationen
(2) Situationen, in denen man entgegen der Rechtssituation eine bevorzugte Behandlung möchte
(3) Verkaufssituationen

Nur durch den Gewinn von Sympathie werden wir in diesen Situationen eine reelle Chance haben, unsere Ziele zu erreichen.

> **!** Wichtig ist bei allen diesen Situationen vom Typ „um Sympathie werben", dass Sie immer daran denken: Der Angesprochene hat alle Rechte auf seiner Seite. Sie müssen also auf jeden Fall vermeiden, in eine Diskussion über die Rechtmäßigkeit Ihres Anliegens zu geraten. Sie müssen im Gegenteil deutlich zeigen, dass Sie sich darüber bewusst sind, dass Sie keine Rechte haben.

Sie müssen Ihr Schicksal sozusagen „in die Hände Ihres Gegenüber legen" und ihm dies auch mitteilen. So sollten in der Situation „bevorzugte Behandlung" lange Erklärungen der Umstände, die Sie in diese Situation gebracht haben, nur vorsichtig eingebracht werden und nur dann, wenn Sie merken, dass der andere sich dafür interessiert. Ihr Gegenüber darf nicht den Eindruck bekommen, Sie wollten sich rechtfertigen, denn das würde nur Widerstand hervorrufen.

Weiterführende Literatur

Asendorpf, J. & Banse, R. (2000). Psychologie der Beziehung. Bern: Huber.
Buunk, B. P. (1996). Affiliation, zwischenmenschliche Anziehung und enge Beziehungen. In W. Stroebe, M. Hewstone & G.M. Stephenson (Hrsg.), Sozialpsychologie. Eine Einführung (S. 363–393) (3. Aufl.). Berlin: Springer.

Forgas, J.P. (1999). Soziale Interaktion und Kommunikation. Eine Einführung in die Sozialpsychologie (4. Aufl.). Weinheim: Beltz.

Winterhoff-Spurk, P. (1983). Die Funktionen von Blicken und Lächeln beim Auffordern: eine experimentelle Untersuchung zum Zusammenhang von verbaler und nonverbaler Kommunikation. Frankfurt a.M.: Lang.

Wojtenek, W. (1995). Lächeln und Lachen im interkulturellen Vergleich. Marburg: Textum.

6 Welche Situation gehört zu welchem Situationstyp?

Wir haben in den vorangegangenen Kapiteln drei verschiedene Situationstypen kennen gelernt. Es sollte deutlich geworden sein, dass jeder dieser Typen jeweils andere Verhaltensfertigkeiten erfordert, um kompetent bewältigt zu werden. Sicher gibt es Gemeinsamkeiten jeder Kommunikation:

➤ Sie sollten Blickkontakt halten,

➤ deutlich Ihr Anliegen bzw. Ihre Bedürfnisse zum Ausdruck bringen,

➤ in der Ich-Form reden,

➤ Ihre Körperhaltung entspannen.

Innerhalb dieses Grundrasters stellt aber jeder Situationstyp andere Anforderungen. Denken Sie noch einmal an die Situationen, die in diesem Buch beschrieben wurden. Vielleicht ist Ihnen aufgefallen, dass die Übung mit den 20 Cent fürs Telefonieren sowohl im Kapitel über die Situationen vom Typ „Recht durchsetzen" auftaucht als auch bei den Situationen vom Typ „um Sympathie werben". Natürlich hat man in dieser Situation an sich kein Recht auf seiner Seite – ganz im Gegenteil: Der andere hat das Recht, sein Geld zu behalten. Trotzdem wird man hier auch mit Durchsetzungsverhalten in der Regel erfolgreich sein.

Manchmal sind verschiedene Verhaltensweisen denkbar

Leider konnten wir noch nicht empirisch überprüfen, ob in dieser Situation das Durchsetzungsverhalten oder das Verhalten nach der Devise „um Sympathie werben" mehr Erfolg hat. Ein Unterschied ist aber auch ohne Überprüfung evident: Der Angesprochene –

derjenige, der die 20 Cent gibt – wird sich wahrscheinlich wohler fühlen, wenn der Bittende Verhalten vom Typ „um Sympathie werben" gezeigt hat. Er wird das Gefühl haben, das Geld gern gegeben, einem netten Menschen einen Gefallen getan und dafür Dankbarkeit und Zuwendung erhalten zu haben. Hat er das Geld dagegen aufgrund des Durchsetzungsverhaltens des Bittenden gegeben, wird vielleicht ein leichtes Unbehagen zurückbleiben, etwa in der Art: „Da habe ich mich ja wieder überrumpeln lassen."

Daraus folgt, dass die Zuordnung der Situationen zu Situationstypen und damit zu bestimmten Verhaltensfertigkeiten streng genommen nicht aufgrund einer „Eigenschaft" der jeweiligen Situation erfolgt. Entscheidend ist vielmehr unsere Willensentscheidung. Und diese Entscheidung wird wiederum davon abhängen, welche Ziele ich verfolge. Wenn ich in meiner „20-Cent-Situation" in erster Linie das Ziel verfolge, diese 20 Cent zu bekommen, ist es wahrscheinlich egal, ob ich sie als eine vom Typ „Recht durchsetzen" oder als eine vom Typ „um Sympathie werben" auffasse. Habe ich aber daneben oder vorrangig das Ziel, den anderen zufrieden zurückzulassen, ist sicherlich die zweite Variante erfolgreicher.

Dieses Beispiel ist natürlich trivial, und es ist nicht sehr bedeutsam, ob ich das eine oder das andere Verhalten einsetze. Es gibt aber viele Situationen, in denen das einen sehr großen Unterschied ausmacht. Wir glauben z.B., dass viele Beziehungskonflikte darauf beruhen, dass einer der Partner (oder beide) nicht oder nur unzureichend in der Lage ist, das Verhalten zu zeigen, das in Beziehungssituationen angemessen ist. Stattdessen wird entweder Durchsetzungsverhalten eingesetzt oder ständig um Sympathie geworben. Beide Verhaltensweisen sind wenig geeignet, eine Beziehung aufzubauen bzw. aufrechtzuerhalten, die von Nähe, Ehrlichkeit und Zärtlichkeit geprägt ist.

Daneben gibt es natürlich auch Situationen, in denen man sich sehr genau überlegen muss, welche Ziele einem wie wichtig sind und welche Verhaltensweisen daher eingesetzt werden sollten.

Ein neuer Arbeitskollege hat Schwierigkeiten mit seiner neuen Aufgabe. Dieser Kollege ist Ihnen sehr sympathisch, es ist sogar inzwischen so etwas wie Freundschaft entstanden. Sie haben daher seine Fehler schon ein paar Mal gedeckt. Sie befürchten aber nun, dass auf Dauer der gute Ruf Ihrer Abteilung darunter leiden könnte.

Wie verhalten Sie sich jetzt? Ist das eine Beziehungssituation? Wenn ja, müssten Sie mit dem Kollegen reden, seine Fehler weiterhin decken und versuchen, mit ihm zusammen eine Lösung zu finden. Wenn diese Situation für Sie allerdings zum Typ „Recht durchsetzen" gehört, müssten Sie dem Kollegen mitteilen, dass Sie ab sofort nicht mehr bereit sind, seine Fehler zu decken und zukünftig Ihren Vorgesetzten informieren.

Abwägen, wenn Abhängigkeiten eine Rolle spielen

Andere Situationen, bei denen die Zuordnung Schwierigkeiten macht, sind oft da zu finden, wo Abhängigkeiten eine Rolle spielen. Das Verhalten gegenüber Vorgesetzten liefert hierfür viele Beispiele. Manchmal kann es dort sinnvoll sein, auf „sein gutes Recht" zu verzichten, um beispielsweise das Betriebsklima nicht zu verschlechtern oder gar seinen Arbeitsplatz nicht zu gefährden. Hier ist es manchmal angeraten, stattdessen um Sympathie zu werben und zugleich „Angriffe" zu ignorieren. Aber dies ist eine Entscheidung, die oft nicht leicht fällt und gut überlegt sein will: denn es gibt ja auch noch das Ziel, sein Selbstwertgefühl zu erhalten.

Entscheidend: Ihre langfristigen Ziele

Man könnte also sagen, dass wir es eigentlich gar nicht mit drei Situationstypen zu tun haben, sondern mit drei Verhaltensklassen:

► Durchsetzungsverhalten,
► Beziehungsverhalten und
► um Sympathie werben.

Welches Verhalten in welcher Situation sinnvoll ist, müssen Sie jeweils Ihren Zielen entsprechend entscheiden. In aller Regel wird es so sein, dass das dem jeweiligen Situationstyp entsprechende Verhalten (also z.b. Durchsetzungsverhalten in Situationen vom Typ „Recht durchsetzen") den größtmöglichen Erfolg bringen wird, aber von Fall zu Fall kann das auch einmal anders aussehen, je nachdem, welche Ziele Sie sich setzen.

Einen ähnlichen Zusammenhang zwischen Zielen und Verhalten haben wir schon auf S. 26 im Zusammenhang mit der Unterscheidung zwischen aggressivem, selbstsicherem und unsicherem Verhalten dargestellt. Auch bei aggressivem Verhalten ist klar, dass es dann sinnvoll und effektiv ist, wenn ich das Ziel habe, mein Gegenüber zu verletzen.

Das wichtigste Kriterium für die Entscheidung, welches Verhalten in welcher Situation eingesetzt werden sollte, stellen also Ihre eigenen Ziele dar. Nun gibt es aber in den allermeisten Situationen nicht nur ein Ziel, sondern mehrere, und zudem noch kurzfristige und langfristige, die sich mitunter ausschließen. Wenn Sie ihrem Chef z.b. endlich einmal sagen, was für ein inkompetenter Mensch er in vieler Hinsicht ist, und dabei vielleicht noch etwas aggressiv werden, haben Sie damit ein kurzfristiges Ziel perfekt erreicht, Sie werden sich wohl fühlen und erleichtert sein. Langfristig werden Sie dadurch vielleicht ihren Arbeitsplatz verlieren. Sie hätten also ihr langfristiges Ziel verfehlt – immer vorausgesetzt, Sie hätten das Ziel, ihren Arbeitsplatz zu behalten.

Kompetentes Verhalten bedeutet also auch, dass man in der Lage ist, sein Verhalten an den *langfristigen* Konsequenzen bzw. Zielen auszurichten.

Sind Sie selbstsicherer geworden?

Da wir nun zum Ende dieses Buches kommen, ist es an der Zeit, den Test, den Sie am Anfang unserer Übungen (hoffentlich!) schon einmal ausgefüllt haben, zu wiederholen.

Bitten beantworten Sie die folgenden Fragen noch einmal und vergleichen Sie sie anschließend mit Ihrer Punktzahl von S. 7.

	Trifft nicht zu	Stimmt völlig
(1) Ich habe häufig Angst, etwas falsch zu machen.	0 10 20 30 40 50 60 70 80 90 100	
(2) Ich habe Schwierigkeiten, „nein" zu sagen.	0 10 20 30 40 50 60 70 80 90 100	
(3) Meistens gelingt es mir nicht, meine Forderungen durchzusetzen.	0 10 20 30 40 50 60 70 80 90 100	
(4) Ein Fest, auf dem ich niemanden kenne, ist für mich eine sehr schwierige Situation.	0 10 20 30 40 50 60 70 80 90 100	
(5) Wenn ich mich Forderungen oder Bitten von anderen verweigere, habe ich ein schlechtes Gewissen.	0 10 20 30 40 50 60 70 80 90 100	
Summe der Punkte		

Sind es weniger Punkte geworden? Dann können wir Ihnen gratulieren, Sie haben offenbar fleißig geübt. Sind es mehr Punkte geworden, oder hat sich nichts verändert? – Vielleicht sollten Sie zunächst noch einmal überprüfen, ob Sie die Fragen wirklich ehrlich beantwortet haben? Es gibt noch eine weitere Erklärung für eine höhere Punktzahl: Ein Problem bei solchen Fragebögen besteht darin, dass man sich mit dem eigenen Verhalten beschäftigt und sich genauer wahrnimmt. Für obigen Fragebogen würde das bedeuten, dass der Punktwert sich schon aufgrund der dadurch eingetretenen Sensibilisierung erhöht haben kann.

Sie sollten also das „Testergebnis" nicht überbewerten – vielmehr sollten Sie es als Aufforderung betrachten, einige der Übungen noch einmal durchzuführen.

7 Häufig gestellte Fragen

„Sollte man denn nie aggressiv sein?"
Das muss jeder für sich selbst entscheiden. Habe ich das Ziel, den anderen zu verletzen, ist aggressives Verhalten „sinnvoll", denn es dient der Zielerreichung.

„Muss man seine Gefühle unterdrücken, wenn man sich sozial kompetent verhält?"
Ganz im Gegenteil: Das Ausdrücken eigener Gefühle gehört ganz wesentlich zu sozial kompetentem Verhalten, nur macht es einen großen Unterschied, ob man z.b. seinen eigenen Ärger als eigenen Ärger mitteilt, oder ob man einen anderen aus diesem Grund angreift.

„Ehrlichkeit ist ein Kriterium sozial kompetenten Verhaltens. Manchmal sind doch aber kleine Lügen bzw. Ausreden ganz sinnvoll, um den anderen nicht zu verletzen."
Oft führen Ausreden nur dazu, das Problem vor sich herzuschieben. Wenn sich z.b. ein Arbeitskollege sehr um Sie bemüht, und sie es vermeiden, ihm ehrlich zu sagen, dass sie kein Interesse an ihm haben, sondern auf seine Annäherungsversuche immer nur mit Ausreden reagieren, kann das dazu führen, dass Sie den Arbeitskollegen letzten Endes viel mehr verletzen, als wenn sie gleich die Wahrheit gesagt hätten. Ein Ende mit Schmerzen ist oft besser als Schmerzen ohne Ende.

„Das ist mir alles zu theoretisch, wo bleibt da die Spontaneität?"
Es geht keineswegs darum, sich permanent perfekt sozial kompetent
zu verhalten. Sie sollten aber in der Lage sein, Situationen zu analysieren, wenn etwas nicht Ihren Erwartungen entsprechend verlaufen
ist. Nur so können Sie aus solchen Situationen etwas lernen.

**„Ironie ist doch ein wunderschönes Spiel, das unheimlich Spaß
macht. Warum soll das denn nicht gut sein?"**
Wenn in einer Kommunikation zwischen gleichberechtigten Partnern ironische Äußerungen gemacht werden, ist das sicher unproblematisch, vor allem dann, wenn beide Partner dieses Spiel im
gegenseitigen Einverständnis betreiben. Oft wird Ironie jedoch in
hierarchischen Beziehungen eingesetzt (Eltern – Kinder, Lehrer –
Schüler etc.), und hier kann dies durchaus zu Verletzungen führen.
Zudem stellt sich noch das Problem, dass manche Menschen – z.B.
Kinder – diese Ironie nicht verstehen. In diesem Fall sollte man
also sehr genau abwägen, ob der Einsatz von Ironie zum gewünsch-
ten Erfolg führt.

„Man kann sich doch nicht den ganzen Tag perfekt verhalten."
Der Sinn und Zweck dieses Buches besteht nicht darin, eine Norm
aufzustellen, nach der sich jeder zu verhalten hat. Es soll Sie nur für
die Mechanismen und Konsequenzen verschiedener Kommunika-
tionsverläufe sensibilisieren, so dass Sie in der Lage sind, problematisch verlaufende Interaktionen wenigstens im Nachhinein zu analysieren, um daraus für die Zukunft zu lernen. Wir möchten Sie im
Gegenteil dazu ermutigen, mit Ihrem Verhalten zu experimentieren, einfach einmal Dinge auszuprobieren. Das perfekte Verhalten
gibt es ohnehin nicht. In der menschlichen Interaktion gibt es keine Sicherheit über die Konsequenzen dieses oder jenes Verhaltens.
Es gibt nur gewisse Wahrscheinlichkeiten. Viel wichtiger als die
Fähigkeit, sich immer vermeintlich „richtig" zu verhalten, ist die
Fähigkeit, solche Interaktionen analysieren zu können.

„Sich selbst loben gehört sich doch nicht!"

In unserer Kultur gibt es in der Tat eine Tradition, die Eigenlob als etwas anrüchig erscheinen lässt („Eigenlob stinkt"). Das führt bei manchen Menschen dazu, dass sie bei sich selbst (und oft auch bei den anderen Menschen) fast nur noch die negativen Dinge bemerken, was sich nicht sehr positiv auf das Selbstwertgefühl auswirkt. Oft ist es deshalb sehr hilfreich, sich einmal die Dinge zu vergegenwärtigen, die einem gut gelungen sind. Auch hier gilt dasselbe wie für alle anderen Lernprozesse: Verstärkung der positiven Anteile führt zu schnelleren und effektiveren Lernprozessen als Kritik an negativen Anteilen.

„Kritik ist doch notwendig, damit der andere etwas lernt!"

Jeder Psychologe hat im Studium gelernt, dass Lob zu effektiveren Lernprozessen führt als Tadel und Kritik. Dennoch kann man manchmal auch von Psychologen hören, dass Kritik doch wichtig sei. Offenbar ist der Glaube an den Nutzen von Kritik tief verwurzelt.

Auch wenn Kritik manchmal sinnvoll sein kann, wenigstens dann wenn sie konstruktiv formuliert ist („Ich könnte mir vorstellen, dass das noch besser wäre, wenn Sie ..."), hat sie doch viele Nachteile und sollte nur sehr vorsichtig eingesetzt werden: Der Kritisierte erlebt Kritik manchmal als Angriff und verteidigt seine Position oder geht gar zum Angriff über. Bei manchen Menschen führt Kritik zu einer Minderung des Selbstwertgefühls und damit einhergehend zu einer Verunsicherung, die sogar Fehler begünstigt. Darüber hinaus ist sich der Kritisierte in vielen Fällen seiner Fehler oder Unzulänglichkeiten selbst bewusst und hat Kritik deshalb gar nicht mehr nötig.

Literatur

Asendorpf, J. & Banse, R. (2000). Psychologie der Beziehung. Bern: Huber.

Bavelas, A., Hastorf, A. H., Gross, A. E. & Kite, W. R. (1965). Experiments on the alteration of group structure. Journal of Experimental Social Psychology, 1, 55–71.

Beck, A. T. (1988). Liebe ist nie genug. Mißverständnisse überwinden, Konflikte lösen, Beziehungsprobleme entschärfen. München: DTV.

Beck, A. T., Freeman, A. et al. (1993). Kognitive Therapie der Persönlichkeitsstörungen. Weinheim: Beltz/PVU.

Bierhoff, H. W. (1998). Aggression und Gewalt. Phänomene, Ursachen und Interventionen. Stuttgart: Kohlhammer.

Bjorqvist, K., Lagerspetz, K. M., J., & Kaurkiainen, A. (1992). Do girls manipulate and boys fight? Developmental trends in regard to direct and indirect aggression. Aggressive Behavior, 18, 117–127.

Buunk, B. P. (1996). Affiliation, zwischenmenschliche Anziehung und enge Beziehungen. In W. Stroebe, M. Hewstone & G. M. Stephenson (Hrsg.), Sozialpsychologie. Eine Einführung (S. 363–393) (3. Aufl.). Berlin: Springer.

Damasio, A. R. (1996). Descartes' Irrtum. Fühlen, Denken und das menschliche Gehirn (2. Aufl.). München: List.

Dodge, K. A. (1981). Behavioral antecedents of peer rejection and isolation. Paper presented at the meeting of the Society for Research in Child Development. Boston, April.

Dollard, J., Doob, L. W., Miller, N. E., Mowrer, O. H. & Sears, R.R. (1971). Frustration und Aggression. Weinheim: Beltz.

Dörner, D. & Selg, H. (Hrsg.) (1985). Psychologie. Eine Einführung in ihre Grundlagen und Anwendungsfelder. Stuttgart: Kohlhammer.

Ellis, A. & Grieger, R. (1977). Handbook of Rational-Emotive-Therapy. New York: Springer.

Forgas, J. P. (1999). Soziale Interaktion und Kommunikation. Eine Einführung in die Sozialpsychologie (4. Aufl.). Weinheim: Beltz.

Funke, J. & Vaterrodt-Plünnecke, B. (1998). Was ist Intelligenz? München: Beck.

Goleman, D. (1996). Emotionale Intelligenz. München: Carl Hanser Verlag.

Grawe, K. G., Donati, R. & Bernauer, F. (1994) Psychotherapie im Wandel. Von der Konfession zur Profession. Göttingen: Hogrefe.

Hautzinger, M. (Hrsg.) (1994). Kognitive Verhaltenstherapie bei psychischen Erkrankungen. München: Quintessenz.

Hinsch, R. & Pfingsten, U. (2002). Gruppentraining sozialer Kompetenzen – GSK (4. Aufl.). Weinheim: Beltz/PVU.

Laux, L. & Weber, H. (1993). Emotionsbewältigung und Selbstdarstellung. Stuttgart: Kohlhammer.

Ledoux, J. (2001). Das Netz der Gefühle. Wie Emotionen entstehen. München: DTV.

Luchmann, D. G. (1994). Heilkunst ohne Gebetbuch. Buchbesprechung „Grawe, K. G., Donati, R. & Bernauer, F. Psychotherapie im Wandel. Von der Konfession zur Profession. Göttingen: Hogrefe, 1994". Verhaltenstherapie & psychosoziale Praxis, 26, 231–241.

Mahoney, M. J. (1977). Kognitive Verhaltenstherapie. München: Pfeiffer.

Manusov, V. (2001). Attribution, communication behavior, and close relationships. Cambridge: Cambridge University Press.

Meichenbaum, D. (1979). Kognitive Verhaltensmodifikation. München: Urban & Schwarzenberg.

Mitscherlich, A. (1969). Die Idee des Friedens und die menschliche Aggressivität. Frankfurt/M.: Suhrkamp.

Nolting, H.-P. (1997). Lernfall Aggression. Reinbek: Rowohlt.

Perls, F. S. (1996). Gestalt – Therapie in Aktion. Stuttgart: Klett.

Pfingsten, U. (1984). Soziale Durchsetzung. Konsequenzen von unsicherem, kompetentem und aggressivem Verhalten. München: Profil.

Pfingsten, U. (1985). Klinische Psychologie: Ein Grundriß. Stuttgart: Urban.

Regula, R. & Julian, J. W. (1973). The impact of quality and frequency of task contributions on perceived ability. Journal of Social Psychology, 89, 115–122.

Rogers, C. R. (1972). Die nicht-direktive Beratung. München.

Schulz von Thun, F. (1995). Miteinander reden. Reinbek: Rowohlt.

Seelen, G. (2001). Weltweit größte Studie zu Angststörungen und Depressionen deckt Untauglichkeit primärärztlicher Versorgung auf. Psychotherapie – Zeitschrift für Psychotherapie, Psychoanalyse & Verhaltenstherapie. http://www.psychotherapie.de/psychotherapie/angst/01063001.html [29.12.02]

Selg, H., Mees, U. & Berg, D. (1988). Psychologie der Aggressivität. Göttingen: Hogrefe.

Seyfried, B. (1995). „Stolperstein" Sozialkompetenz: was macht es so schwierig sie zu erfassen, zu fördern und zu beurteilen? Bielefeld: Bertelsmann.

Sorrentino, R. M. & Boutillier, R. G. (1975). The effect of quantity and quality of verbal interaction on ratings of leadership aility. Journal for Experimental Social Psychology, 11, 403–411.

Spitzer, M. (2002). Lernen. Gehirnforschung und die Schule des Lebens. Darmstadt: Wissenschaftliche Buchgesellschaf.

Sutherland, S. (1982). Das menschliche Bewußtsein. München: Christian Verlag.

Tuckman, B. (1965). Developmental sequence in small groups. Psychological Bulletin, 63, 384–399.

Watzlawick, P. (2000). Menschliche Kommunikation. Formen, Störungen, Paradoxien (10. Auf.). Bern: Huber.

Winterhoff-Spurk, P. (1983). Die Funktionen von Blicken und Lächeln beim Auffordern: eine experimentelle Untersuchung zum Zusammenhang von verbaler und nonverbaler Kommunikation. Frankfurt a. M.: Lang.

Wojtenek, W. (1995). Lächeln und Lachen im interkulturellen Vergleich. Marburg: Textum.

Yalom, I. D. (1995). Theorie und Praxis der Gruppenpsychotherapie (3. Aufl.). Ein Lehrbuch. München: Pfeiffer.

Ziesing, F. & Pfingsten, U. (1994). Selbstveränderung. Verhaltenstherapie selbst erfahren. Tübingen: DGVT-Verlag.

Sachverzeichnis

Entwickeln Sie ein gesundes Selbstwertgefühl — mit dem neuen Patientenbuch von Harlich H. Stavemann

Harlich H. Stavemann
... und ständig tickt die Selbstwertbombe
Selbstwertprobleme erkennen
und lösen
2011. 176 Seiten. Gebunden
ISBN 978-3-621-27805-8

Selbstwert ist ein allgegenwärtiges Thema in der Psychotherapie. Harlich H. Stavemann zeigt, wie Sie ein gesundes Selbstkonzept entwickeln können und es leben lernen.

Ein stabiles Selbstwertgefühl entwickeln, unabhängig sein von Leistungen, Zuneigung von anderen Menschen oder Statussymbolen – das ist gar nicht so leicht. Selbstwertprobleme sind daher auch die mit Abstand größte Gruppe emotionaler und psychischer Probleme, die Menschen im Laufe ihres Lebens haben: Vier von fünf Patienten in ambulanter Psychotherapie oder Beratung leiden darunter.

Einsetzbar zur Selbsthilfe oder begleitend zur psychotherapeutischen Behandlung, insbesondere mittels der Kognitiven Verhaltenstherapie. Übungsaufgaben und Arbeitsblätter helfen, die vermittelten Inhalte im Alltag zu trainieren.

Aus dem Inhalt
- ► Selbstwertkonzepte
- ► Selbstwertbomben und ihre Auswirkungen
- ► Eigene Selbstwertbomben erkennen
- ► Das Ziel: Gesunde Selbstkonzepte und Selbstbewertungen
- ► Eigene Selbstwertbomben entschärfen
- ► Neue Selbstkonzepte und Selbstbewertungen leben lernen

Verlagsgruppe Beltz • Postfach 100154 • 69441 Weinheim • www.beltz.de